知的生きかた文庫

「いただきます」を言わない人が太るワケ

浅原哲子

三笠書房

はじめに

健康でリバウンドなくダイエットを成功させるために

◆間違ったダイエット法に要注意！

リモートワークやオンライン会議が推奨されるようになり、自宅で仕事をしたり用事を済ませたりと、家で過ごす機会が多くなりました。すっかり出不精になってしまった人なども多くなったといわれています。おかげで体が鈍ってしまった、体を動かさなくなってしまった、という声も多く聞かれるように。

出不精は、〝デブ症〟のモト。「何だか太ってきた……」という人は、**今までと同じ生活習慣ではメタボの危険があるかも**しれませんね。

ご存じのように、血糖値が高いことはメタボリック症候群（メタボ）のリスク要因で、肥満とも密接な関係があります。

肥満になると、糖尿病のほかにも脂質異常症、高血圧を併発しやすく、それぞれは軽症でも、動脈硬化が進行しやすくなります。このような病態がメタボなのです。**動脈硬化は、最終的には心筋梗塞《しんきんこうそく》、脳卒中といった命にかかわる血管トラブルのリスクを高めます。**メタボの予防・解消が重視されてきた、最も大きな理由です。

国立病院機構 京都医療センターでは、国立の病院としては日本初の肥満・メタボ外来（予約制）を２００１年に開設、現在まで診療・啓発に取り組んでまいりました。私は、開設時より糖尿病と肥満症の専門医としてその外来を統括し、約20年間、数多くの患者さんを指導してまいりました。

当初は、糖尿病やメタボの患者さんが多かったのですが、当外来の取り組みが認知されるにつれて、「中年太りを解消したい」という男性の方や、「きれいにやせたい」という女性の方も来院されるようになり、いまではダイエットの相談に、わざわざ遠方から来院される方もたくさんいらっしゃいます。

現代人のダイエットに対する関心は非常に高く、テレビや雑誌でも常に取りあげられ、ネットやＳＮＳでもよく話題になっています。**しかし、健康的にやせるためには医学的なエビデンスのある方法に則ることが大変重要**で、間違ったダイエット法は医師としてお勧めできません。

この本では、私たちが外来で指導していることや、最新の研究成果をもとに、医学的エビデンスに基づき、減量のためのアドバイスをわかりやすくまとめてみました。

すこし具体的に説明しましょう。そもそも医学的な「肥満」の判定基準は、ＢＭＩという指数が25以上あることです。

ＢＭＩとは、体重（kg）を身長（m）の2乗で割った数字で、例えば体重55キロ、身長１６０センチの人なら55÷（１・６×１・６）で、約21・５になります。ＢＭＩの「標準」は18・５以上25未満ですから、体重55キロ、身長１６０センチの人は、医学的な肥満の観点からは問題ありません。

それでも「もっとやせたい」という人には、ぜひ医学的に間違いのない方法をとってほしいと思います。ＢＭＩ18・５未満の人は「低体重」ですから、それ以上やせることはお勧めしません。例えば身長１６０センチの人が47キロだったら、やせようとするべきではないということです。

◆早く体重が減ればいいというものではない

一方、体重80キロ、身長160センチ（BMI31強）の人は、急いで15キロやせるべきかというと、必ずしもそうではありません。**肥満の合併症は、糖尿病、脂質異常症、高血圧以外に関節症や睡眠時無呼吸症候群、痛風など11もありますが（60ページ参照）**、それらはほんの2、3キロやせただけでも改善していきます。

急なダイエットは体力の低下やうつ状態、リバウンドなどを招きやすいので、日本肥満学会では、**ゆっくり確実にやせることを推奨**しています。

ペースとしては、3か月～半年で5％（体重70キロの人で3・5キロ弱）、BMI35以上の高度肥満の人で5～10％（体重80キロの人で4～8キロ）です。

ですから、私は1か月に1回通院している方には、**「1か月に1キロずつやせていけばいい」**と申しています。1か月に1キロは少ないようですが、**1年かければ12キロもスリムに**なれます。楽しみながら無理なく減量していくのが、正しいやせ方なのです。

◆太る理由は、じつは単純なしくみ

では、肝心の「どうやせるか」ですが、ダイエットの基本は、消費エネルギーと摂取エネルギーのバランスを取ることです。

その際に知っておいてほしいことは、私たちの消費エネルギーの大半を占めている「基礎代謝」についてです。これは何もしていなくても消費するエネルギー量で、体質や生活パターンによる違いもありますが、**成人男性なら1500kcal前後、成人女性なら1100〜1200kcal弱**です。

もちろん運動も大切なのですが、運動で消費するエネルギーは、8000歩も歩いてせいぜい200kcal強程度です。消費エネルギーと摂取エネルギーの差し引きで考えれば、毎日8000歩、歩いている人でも、食事で摂るエネルギーを、男性なら約1700kcal、女性なら約1400kcal以下にしておかないとマイナスにならない理屈です。食事のカロリー計算ができるなら、栄養のバランスを考えながら**1日の摂取エネルギーを基礎代謝ぐらいにしておく**のが賢明なのです。そうすれば、日常的な運動程度ですこしずつやせられるのです。

◆生活習慣を変えると、簡単にやせられる！

当外来では、食事と体重を記録する『ダイエットノート』、「メタボ教室」などの取り組みを通じて、半年で平均約5キロの減量成果をあげています。指導しているのは、ごく当たり前の、体に無理のかからないダイエット。それで皆さんリバウンドなくやせているのです。**BMIの高かった患者さんですと、半年で10キロ、1年で20～30キロの減量に成功する人も珍しくありません。**

具体例を挙げてみましょう。これらはレアな成功ケースではなく、治療経過の典型例と思っていただいて結構です。

仕事のストレスなどから5年で15キロ太り、初診時体重93キロ、BMIが33だった50代男性が、1日1600kcalの食事と1万歩の散歩を指導したところ、**2か月で9キロ**やせて84キロ（BMI30）になった例があります。

私はこれを専門書で「肥満の合併症が5つ以上改善した例」として紹介しました。この方は、脂質異常症と糖尿病を合併していたのです。

治療の結果、コレステロール値や血糖値をうまくコントロールできるようになり、薬を6種類から2種類に減らすことができ、高かった血圧も大幅に下がりました。体重も軽くなり、気持ちも医療費の負担も軽くなられました。

また、初診時に体重82・6キロ、BMIが33だった40代女性が、1日1200kcalの食事と1万歩の散歩を継続したところ、**半年で15キロ、1年で24キロやせて**58・6キロ（BMI23・5）になった例、体重が100キロ以上あった30代女性が、1日1200kcalに抑えただけで、**2か月で9キロやせた例**など、枚挙にいとまがありません。

極端なダイエットをしなくても、きちんと理にかなった生活をすれば、このぐらいやせられるのです。

じつは、糖尿病の患者さんと同じで、**肥満の人には、「間食をする」「夜遅くに食事を摂る」など、本人が気に留めていない生活習慣上の問題点が多々あり**

ます。家で過ごすことが多くなり、知らず知らずのうちに太ってしまった人にも、案外こうした気づかない生活習慣があるかもしれません。

外来で患者さんたちと話していると、「先生、間食が悪いとわかりました」などとおっしゃることがあります。**本人が気づくこと、それがいちばんスムーズなダイエットにつながるのです。**

読者の皆さんにも、**気づかないでいた「太る理由」**があるかもしれません。そうしたささいなポイントに気づけば、**無理なダイエットをしなくてもやせられる**のです。

この本には、そうした気づきのヒントをちりばめました。繰り返し読んで生活を見直してみてください。それだけで、リバウンドの心配なく、健康的にやせ始めるはずです。

なお、本書のコラム「やせるサイエンスQ＆A」には、やや専門的な内容も含まれていますので、むずかしいと感じた方は、興味のあるところから、どこからでもお読みいただければと思います。

浅原哲子

Contents

✦✦✦ Column やせるサイエンスQ＆A

※本書では、「即効度」「確実度」「容易度」のおおまかな目安を星の数で示しました。星の数が多いほど効果が高い（容易度の場合は実行しやすい）ことをあらわしています。

イラスト／カツヤマケイコ

1

単品ダイエットは、やせても必ず元通り

栄養バランスがくずれると、
リバウンドする

即効度★　確実度★★　容易度★★★

ダイエットという言葉は本来、「日常の食べ物」または「規定食」を指し、転じて食事療法を意味します。必ずしも減量とイコールではなく、また、やせることを目的としなくても、健康の増進を目的とした食事はダイエットにあたります。いい例は、糖尿病の人の食事療法です。**正しいダイエットというのは、やせるだけではダメで、健康に役立つものでなくてはなりません。**私はこの本で、そういう言葉として「ダイエット」を使っています。

もしあなたがダイエットに失敗したことがあるなら、それが「正しいダイエットだったのかどうか」を考え直してみましょう。

世の中には「○○だけを食べて○キロやせた（効果には個人差があります）」といった方法をダイエットと称する人もいますが、それはダイエットではなく、**失敗して当然の苦行**といえます。そもそも、ひとつですべての栄養が摂れる食材など存在しないのですから。

ダイエットはずっと続けられる方法でなくてはいけません。医学的にいえば、**栄養を断つ減量法でやせても、あとで必ずリバウンドするのが常識**なのです。

2

食べ過ぎた翌日は「断食すればいい」なんて考えは、もってのほか

1日ガッツリ食べたら
3日かけて戻すこと

即効度★　確実度★★　容易度★★

ダイエット中といっても、人づきあいは避けられません。もしも食事の約束などが入っているなら、たまには大いに楽しんでもいいのではないでしょうか。また、会食をしていて周りの雰囲気に流され、つい食べ過ぎてしまうこともあるかもしれません。でもそういうときには、自分を責めてはいけません。

どちらの場合も肝心なのは、そのあとの減量をどのようにコントロールするかです。では、リミッターを外して食べたあとの対応としては、つぎのAとBのどちらが正解でしょうか？

A翌日の食事を全部抜いて、早めにプラスマイナス0にする

B翌日から毎食の摂取エネルギーをすこし減らし、数日かけて帳尻を合わせる

この正解はB。例えば旅行などで**食べ過ぎたと思ったら、そのあとの食事をすこし減らし、数日から1週間かけて、体重を戻していくようにしましょう。**

いきなりの断食や極端な食事制限は決してお勧めできません。健康上のリスクがあるうえ、それがかえってストレスになるからです。ストレスになるダイエットは正しくありません。

食べ過ぎた翌日は「断食すればいい」なんて考えは、もってのほか

1日ガッツリ食べたら
3日かけて戻すこと

3

お米・パン・麺は、朝、昼にきちんと食べる

主食の炭水化物は、
夜を控えめにするのがコツ

即効度★★　確実度★★★　容易度★★

お米などの炭水化物を「太る原因」だと思っている人は少なくないようです。が、**太る原因は食べ過ぎであって、炭水化物に罪があるわけではありません。**

お米、パン、麺類など、主食の炭水化物をまったく摂らないでいると、脳が栄養不足になったり筋肉が落ちたりと、体に大きな負担がかかり、リバウンドしやすくなります。

1日のエネルギー源となる炭水化物は、活動を始める朝から昼にかけて、十分に摂りましょう。

夜遅くに炭水化物や脂質を多く摂ると、翌朝の食欲がなくなり、体内時計がズレていきます。**夜は主食を控えめに、野菜中心の消化のよいメニュー**にしてください。とくに、仕事などで夕食が夜9時以降になる人は意識してください。

ちなみに、2009年、アメリカの糖尿病学会誌で報告された研究では、肥満糖尿病患者のうち、朝食を食べたグループと、食べなかったグループを比較すると、食べなかったグループは、昼食後の血糖値（血液中のブドウ糖の濃度）が大幅に上昇したという結果が報告されています。

4

短期間の激やせは、リバウンド必至

やせるペースは
1か月1～2キロが目安

即効度★　確実度★★　容易度★

「1か月で5キロやせた」などという話を聞くと、つい「どういう方法で？」と食いつきたくなりますね。でも、そういう急激な減量は、一般にはお勧めできません。1か月に3キロ以上の減量が必要（あるいは可能）なのは、普通の生活に支障をきたすほどの高度肥満（BMI35以上）、つまり高リスク群の人に限られます。ちょっと太めを気にしている程度のぽっちゃりさんは、**1か月に1～2キロ、コンスタントにやせるのがベスト**です。

もともとの体重にもよりますが、急にやせ過ぎると体調を崩す危険を伴います。自律神経やメンタル面の病気になったり、女性だと生理がこなくなったりしかねません。

それに、**急な減量ほど、やせたあとのリバウンドが起こりやすくなります。**理由は、エネルギーをたくさん消費すると筋肉が落ちてしまうこと。また、脳も「栄養不足でピンチだ」と判断し、体を省エネモードに切り替えます。無理なダイエットをすると安静時のエネルギー消費量（基礎代謝）が減って、やせにくい体質になってしまうのです。

5

「何が食べたい？」と聞かれて「何でもいいよ」はメタボの予感

いま何を食べたいか、
体が欲しているものを意識する

即効度★　確実度★★　容易度★★★

ランチに「何が食べたい？」と聞かれたとき、すぐに希望をいえますか？
言葉にするかどうかは性格にもよりますが、**体調がよいときほど、食べたいものがはっきりしている**のではないでしょうか。「さっぱりしたものがいい」とか「ガッツリお肉が食べたい」とか。**体が栄養バランスを取ろうとしている**ことも、そのひとつの理由です。食欲を左右する私たちの脳は、いつも体をモニターしていて、足りない栄養が何かも、およそ感じていると考えられていま す。栄養学を知らなくても、私たちはビタミンを欲して果物を食べたり、ミネラルを補うために野菜を食べたりするわけです。

ところが、ふだん偏《かたよ》った食事を続けていると、そうした本能的な食行動が乱れてしまう可能性があります。つまり、いくら食べても不足する栄養があるので満たされないばかりか、何を食べたいのか感じられなくなるからです。

感性が鈍ると、太りやすくなります。お昼に「何でもいいよ」とか「食べたいものがないわ」と答えがちな人は、日々の食事のバランスに気を配ったほうがいいでしょう。

6

お掃除ロボが〝座礁《ざしょう》〟する部屋の主の9割はやせられない

家事はりっぱな“すきま運動”になる!

即効度★★　確実度★★★　容易度★★

「家事ダイエット」という言葉があります。家の中でもテキパキ体を動かして、消費エネルギーを増やそうというものです。これはまさに、アメリカでも注目されているニート（NEAT＝非運動性熱産生）を増やすアイデアにほかなりません。

一見ダイエットとは思えないようなことでも、**まめに部屋を片付けたり掃除したりすると、それなりにエネルギーは消費されます。**これは〝すきま運動〟といえます。厚生労働省の運動指針に照らせば、皿洗いは1・8メッツ、食事の準備や洗濯は2メッツ、掃除機がけは3・3メッツ、モップがけは3・5メッツに相当します（「メッツ」については40ページで解説）。

とくに掃除を一生懸命やると汗をかくぐらいですから、マメに部屋を片付けているとよい運動になります。ちなみに、家具の移動は5・8メッツで、バスケットボール（6メッツ）と同程度の運動効果があります。**家の中をきれいに保つことで気持ちにもメリハリがつき、「きちんとしよう」という緊張感がダイエットを後押しする**メリットもあるはずです。

お掃除ロボが“座礁《ざしょう》”する部屋の主の9割はやせられない

家事はりっぱな
“すきま運動”になる！
ピカ
ピカ

7

「水太りするから水は控える」は逆効果

こまめな水分補給は代謝をよくする

即効度★★　確実度★★　容易度★★★

成人の体重に占める水分は60％ぐらい。そこで、「そんなに多いなら、ボクサーの減量のように、水を飲まないでやせてもいいのでは？」と思う人がいるかもしれません。そういったダイエットは、とても危険なのでやめてくださいね。私たちは、水の惑星に生まれた、水なしでは生きていけない生命体です。水分は、体内での代謝（エネルギーの利用）に欠かせません。

ヒトが1日に必要とする水分は2リットルほど。体内で再利用される水分と、食事に含まれる水分以外に、1日1リットルぐらいを飲み水で補うべきだとされています。水は、飲んでも体内を掃除して出ていきますし、ノンカロリーなので飲んで太るということもありません。**こまめに水分を補給するほうが、きれいにやせられるのです。**

アメリカのある大学の実験では、肥満者にカロリー制限食を摂ってもらい、食前にコップ2杯の水を飲むグループと飲まないグループを比較したところ、12週間後には、**水を飲むグループは、飲まないグループより2キロの減量効果がある**ことが明らかになりました。

30分走ると何キロカロリー消費できるの？

——およその消費エネルギーを計算する方法

減量のため、積極的に運動量を増やそうとしている人は、自分が今日どのぐらいエネルギーを消費したか、知りたくなるだろうと思います。

1日の消費エネルギーをあとから把握するには、後述する「活動量計」のような器械があれば便利です（95ページ参照）。一方、あらかじめ意識して消費エネルギーを増やすためには、どんな運動をどのぐらい行なえばよいか、目安がわかるといいですね。

じつは、そうした目安も公に提案されています。**運動の強度を示すメッツ（METs）**という単位です。運動療法の専門家はこの単位を基にして、運動による消費エネルギーを計算します。**1メッツが意味している運動強度は、「約1kcal／kg／時」**。つまり、その運動のメッツ数×体重（kg）×時間（時）で、およその消費エネルギー（kcal）が計算できるわけです。

◆日常生活や身近なスポーツの消費エネルギーがわかる

ちょっとわかりにくいかもしれないので、30分走ると何kcalになるか、実際に計算してみましょう。走る速さによってもメッツ数は異なり、ゆっくりしたジョギングなら6メッツ、軽いランニングなら9メッツです。ここでは、ゆっくりしたジョギングだとしておきましょう。

体重75kgの人が30分ジョギングすると、「6メッツ×75kg×0・5時間」で、消費エネルギーは約225kcalという計算になります。

体重60kgの人なら「6メッツ×60kg×0・5時間」なので180kcal、体重90kgの人なら「6メッツ×90kg×0・5時間」なので270kcalになります。体重が重いほど、消費エネルギーは大きくなるのです。

1メッツは、ただ座っているときの運動強度です。そして当然、運動の度合いが強くなるほどメッツ数は大きくなります。

通常の歩行は3メッツ、やや速歩きなら4・3メッツといった具合です。先ほどゆっくりしたジョギングは6メッツ、軽いランニングは9メッツと述べましたが、これは目安です。通常のジョギングなら7メッツです。

関心のある人は、インターネットで「健康づくりのための身体活動基準2013」というキーワードを検索して参照してください。

運動の強度でなく、量については、**「メッツ数×時間」を示す「エクササイズ（Ex）」という単位**が用いられます。例えば、4メッツの運動を1時間行なった場合は「4メッツ×1時間」で4エクササイズ、8メッツの運動を30分行なった場合は「8メッツ×0・5時間」で4エクササイズになります。このようにメッツ数の多い運動ほど、より短い時間で同じエクササイズ数になります。

健康増進のためには、3メッツ以上の運動で週に23エクササイズ以上体を動かすことが推奨されています。散歩に換算すると7時間40分ぐらいです。

日頃スポーツに取り組んでいる人は、自分が楽しんでいるスポーツのメッツ数を知っておくと役に立つでしょう。次ページに「健康づくりのための身体活動基準2013」を基にした資料を表にしましたので、参考にしてください。

その運動は何メッツ？（参考：健康づくりのための身体活動基準 2013）

メッツ	運動の例	生活活動の例
1.8		立位での会話、電話、皿洗い
2		料理や食材の準備、洗濯、洗車、ワックスがけ
2.3	ストレッチング	ガーデニング（コンテナ）、ピアノ演奏、動物の世話
2.5	ヨガ、ビリヤード	植物への水やり、仕立て作業、子供の世話
2.8	座ってのラジオ体操	ゆっくりした歩行、子供・動物と遊ぶ（軽度）
3	ボウリング、バレーボール、社交ダンス、ピラティス、太極拳	通常の歩行、電動アシスト自転車での移動、大工仕事、梱包、台所の手伝い、子供の世話（立位）
3.3	体を動かすスポーツ観戦	掃除機がけ、床・カーペット掃き
3.5	ゴルフ（手引きカート使用）、釣り、軽中等度の体操・筋トレ	自転車での移動、バイクの運転、車の荷の積み下ろし、車いすを押す、階段を下りる、モップがけ、床磨き、風呂掃除、草むしり
4	卓球、パワーヨガ、ラジオ体操第1	階段を上がる、高齢者の介護、屋根の雪下ろし
4.3	やや速歩き、ゴルフ（クラブを担いで移動）	苗木の植栽、家畜に餌を与える
4.5	テニス（ダブルス）、水中歩行（中等度）、ラジオ体操第2	耕作、家の修繕
5	かなり速歩き、野球、サーフィン、バレエ	動物と活発に遊ぶ
5.3	水泳（ゆっくりした平泳ぎ）、スキー、アクアビクス	
5.5	バドミントン	シャベルで泥すくい
6	ウエイトトレーニング（高強度）、バスケットボール、ゆっくりしたジョギング、水泳（のんびり泳ぐ）	スコップで雪かき
6.5	山登り（軽い荷物で）	
7	ジョギング、サッカー、スキー、スケート、ハンドボール	
7.3	エアロビクス、テニス（シングルス）、山登り（重装備で）	
8	通常のサイクリング	重い荷物の運搬
8.3	水泳（クロール）、ラグビー	荷物を上階へ運ぶ
8.8		階段を上る（速く）
9	軽いランニング	
10	水泳（速いクロール）	
10.3	柔道、空手、キックボクシング	
11	通常のランニング	

8

ダイエットが三日坊主になっても、心機一転、また始めればいい

「三日坊主」を繰り返せば
「継続」になる

即効度★★　確実度★★　容易度★★★

何回ダイエットに挑戦しても、「いつも三日坊主で終わってしまう」というあなた！　三日坊主でもいいじゃないですか。

三日坊主にもいろいろあります。忙しくて続けられないこともあるでしょうし、方法が自分に合っていないこともあります。例えば、運動嫌いの人がジムに通おうとしても、おもしろくないので続かないのは当然でしょう。

とくに完璧主義の人にありがちなのが、「きちんとやれないと自分で嫌になってしまい、すべてやめてしまう」傾向。それがダイエットをやめる理由になってはもったいないですね。まず、ちょっと挫折したぐらいで自分を責めないことを約束してください。

私は、「〇〇だけ食べる」のように、それ自体に無理がある特別な方法をお勧めしようとは思いません。やせることにつながる健康的な習慣を身につけてほしいだけです。

もし三日坊主になっても、「また今日からがんばろう」と思い立っていただければいいのです。三日坊主を繰り返しながら、健康的にやせていきましょう。

9

フィッティングルームは、現実を知る鏡

鏡の前に立ち、
プロポーションをチェックする

即効度★　確実度★　容易度★★★

新しい洋服を買うとき、フィッティングルームで試着していますか？

やせるモチベーションを維持するうえで、体重計とともに役立つのは「全身が映る鏡」。大きな鏡がない人は、街中のガラスに映る自分の体型をチェックしてもいいですね。

洋服店の店員によると、体型に自信があるスリムな人に比べて、**ぽっちゃりさんは、試着をしない傾向があるそうです。**いろいろ理由はあると思いますが、せっかく買う洋服をムダにしないためにも、「生まれ変わるつもり」でフィッティングルームに入ってみるとよいのではないでしょうか。

鏡の前に立てば、真近で自分の体を直視することになります。こわいですよね、自分の体を直視するのは。でも、勇気を出して見てみましょう。そうすれば、とくに太いのはどこか、どれぐらいやせなければいけないか、具体的なイメージが湧いてきます。

試着をきっかけに「やせよう」という意欲が湧いてきたらグッド！　勇気を出して、やせるプロセスを楽しんでみてはどうでしょう。

フィッティングルームは、現実を知る鏡

鏡の前に立ち、プロポーションをチェックする

10

同窓会など久しぶりの友人に会う機会を積極的につくる

毎日顔を合わせる人からは得られない“刺激”がある

即効度★　確実度★　容易度★★★

同窓会などにいくと、よくも悪くも、お互いに「貫禄《かんろく》がついたな」とか「変わってないね」と語り合う光景が見られます。そんな席で「引き締まったね」「きれいになったね」といわれたら、お世辞でもうれしくなるものですね。

ダイエットをしているとき、褒めてもらったり、努力を認めてもらえたりすると、とてもよい刺激になってモチベーションが上がります。でも、毎日顔を合わせている家族や同僚が、ずっと褒め続けてくれるとは限りません。

「ダイエットの成果は出ているけど、マンネリになりそう」と感じたら、しばらく会っていないお友達に連絡をとって、会う機会をつくってみてはどうでしょうか。久しぶりに会う人なら、あなたの変化を敏感に感じとってくれるはず。**「おっ！　やせたね」と気づいてもらえたら、「よし！　これからもがんばろう」という励みになると思います。**

なかには「私もダイエットしようかな」といいだすお友達もいるかもしれません。そうしたら、情報交換して刺激し合いながら、楽しくダイエットを続けられるでしょう。

11

「なんのためにやせるんだっけ？」と考えてみる

自分がどうなりたいか。
「目標」を掲げる

即効度★★　確実度★★　容易度★★★

私たちは、よく「目標を掲げる」ということをします。受験生が志望校を書いて「絶対合格」と机の前に貼ったり、会社の達成目標が壁に掲げられたり、というのがその例です。

これには、目標を目にすることで**自分を鼓舞《こぶ》し、達成意欲（モチベーション）を掻き立てる効果があるのです。**ビジネスパーソン向けの心理学では「目標達成のイメージを潜在意識にすりこむ効果がある」などともいわれています。

ダイエットでも、「なんのためにやせたいのか」をはっきりさせておくと、しっかりした達成意欲をもつことができます。「何か月で何キロやせる」という目標もいいですが、**「いつまでにやせて、どうなりたいのか」「やせたら何をしたいのか」をしっかり意識しておくことが重要です。**

メタボ改善のためにやせるのなら、「健康になる」ことが目標です。同様に「モテたい」「スポーツがうまくなりたい」「仕事でイメージアップしたい」など、自分のホンネの目標を期限つきではっきりさせましょう。部屋や冷蔵庫、トイレの壁などに目標を書いた紙を貼って、忘れないようにするといいですね。

12

「イライラ」は、コップ1杯の水で断つ

ストレスは、ストレッチや紅茶など
間食以外の方法で解消

即効度★★　確実度★★　容易度★★

健康的にやせるために、必ず身につけてほしいことは、必要なエネルギーは朝昼晩の三食でしっかり摂り、原則として間食を極力しない習慣です。**間食をしたくなったら、ひと呼吸おいて「食べてもよい理由があるか」を冷静に考えるくせをつけましょう。**「イライラしているから」「気を紛らわしたいから」といった理由なら、食べる以外の方法でストレスを処理したいものです。

嫌なことがあったときなど、食べることで気分転換をしていた人は、別の方法を考えてみましょう。**ストレスを感じたら、席を外して深呼吸やストレッチ。何か口にしたいなら、水を飲むとよいでしょう。**温かい飲み物は心を落ち着かせるので、フルーティーな紅茶とか、イライラを鎮めてくれるハーブティーなどを楽しむのもお勧め。

また、夜起きていて小腹がすいたら、早く寝てしまうのもひとつの手です。見たい深夜番組があったら録画予約。食べたい気持ちは抑えて「明日の朝、食べよう」と切り替えましょう。食べる楽しみを先延ばしにするのも、摂取エネルギーを減らすよい方法です。

メタボってどうしてなるの？
――太った脂肪細胞が、こわいサイトカインを出し始める

中年太りの男性を称して「メタボ体型」というように、肥満に伴う病気の中でも、最も特徴的なのがメタボリック症候群だといえるでしょう。

メタボは、肥満（内臓脂肪型肥満）をベースに、高血糖、高血圧、脂質異常症のうち、ふたつ以上がからんでいる状態です。そして、「肥満＋高血糖」「肥満＋高血圧」「肥満＋脂質異常症」は、いずれもメタボ予備群と指摘されます。

では、太ることとこれらの病気になることが、どのように関係しているのでしょうか。じつは、**脂肪細胞が出しているアディポサイトカインのバランス異常がかかわっている**のです。

◆ 太るということは、体内で脂肪細胞が肥満すること

そもそも脂肪細胞は、その名のとおり、脂肪を合成したり分解したりする細

胞です。主に脂肪組織に存在し、エネルギー源として脂肪を蓄えるのが主な役割です。また、脂肪組織は体内の組織どうしを結びつけ、形を保っている「結合組織」の一種でもあります。結合組織としての脂肪には、断熱材として体温を保ったり、体への衝撃を吸収したりして体内の器官を守る役割もあります。

そしてもうひとつ、最近注目されているのが、**脂肪細胞が作っているアディポサイトカインの働き**なのです。アディポサイトカインとは、脂肪細胞が作っているサイトカインの総称。そしてサイトカインというのは、内分泌器官が分泌しているホルモンのようなものだと思ってください。直接のエネルギー源である血液中のブドウ糖を利用するためには、インスリンというホルモンが欠かせません。健康な脂肪細胞は、このインスリンの効きをよくするサイトカインと、インスリンの働きにブレーキをかけるサイトカインをバランスよく分泌しています。つまり、体内での糖代謝のコントロールに役立っているのです。

インスリンの効きをよくするサイトカインの代表がアディポネクチン、インスリンの働きにブレーキをかけるサイトカインにはTNF-α《アルファ》やレジスチンなどがあります。そして、脂肪細胞が「肥満」すると、このサイトカインの分泌バランスが変わります。アディポネクチンの分泌が減り、TNF-αなどが増えてしまうのです。これが、肥満に伴って血糖値が上がりやすくなってしまう大きな要因です。肥満した脂肪細胞によるサイトカイン分泌の異常は、結果として血圧を上げたり、血液をドロドロにしたりするサイトカインも増加させます。血圧を上げる体内物質の分泌を促すアンジオテンシノーゲンや、血栓溶解酵素プラスミンの働きをじゃまするPAI-1などです。

私たちが**太るということは、体内で脂肪細胞が肥満することとイコール**です。肥満した脂肪細胞は病的な状態になり、悪い作用をする物質、サイトカインやホルモンを作り出し、その結果、血液がよどんだようなドロドロ状態になってしまうのです。これが、太るとメタボになりやすい大きな理由です。なお、脂肪細胞には2種類あり、ここで説明した脂肪細胞は白色脂肪細胞のことですが、最近、やせ細胞としての褐色《かっしょく》脂肪細胞の働きも注目されています。それについては80ページで説明しましょう。

太っていると病気になりやすいの？

——専門家は肥満に伴う11の合併症を指摘している

肥満のタイプにはふたつあります。お尻を中心に脂肪がつく皮下脂肪タイプ（洋ナシ型）と、お腹がまん丸くなる内臓脂肪タイプ（リンゴ型）です。じつは、このタイプによっても「病気のなりやすさ」は異なります。

肥満のタイプで比較的女性に多いのが、皮下脂肪タイプ（洋ナシ型）です。このタイプの肥満は、生活習慣病への影響が少ないといわれることもありますが、腰痛などの関節疾患や睡眠時無呼吸症候群などになりやすく、決して軽視してよいわけではありません。一方、男性に多いのは「リンゴ型」。この内臓脂肪型肥満は、糖尿病や、動脈硬化を招くメタボに直結しやすいので、注意が必要です。見分け方として、**お腹の肉を手でぐっとつかんでみてください。たくさんつかみやすいのは皮下脂肪が多く、お腹周りが太いわりにお肉がつかみにくい場合は、腸や肝臓に脂肪がついている内臓脂肪タイプです。**

内臓脂肪の量を正確に測るには、CTによる画像診断をします。おへその高さで腹部の断面を撮影し、内臓脂肪の断面積を測定するのです。この画像には当然、皮下脂肪も映りますので、それは除外します。そして、**内臓脂肪だけで断面積が100㎠あったら「内臓脂肪型肥満」に該当**します。男性でも女性でも、内臓脂肪が100㎠を超えると、メタボリック症候群の危険因子が増えることが研究でわかっています。そして内臓脂肪の面積が増えるほど、メタボの危険因子数が比例して増えていきます。

肥満が原因となって起こる11の健康障害（合併症）があることをご存じでしょうか。病的な肥満には、つぎのような合併症があると、日本肥満学会は定義しています（「肥満症診療ガイドライン2016」日本肥満学会編より）。

①耐糖能障害（2型糖尿病など）、②脂質異常症、③高血圧、④高尿酸血症《こうにょうさんけっしょう》・痛風、⑤冠動脈疾患《かんどうみゃくしっかん》・心筋梗塞《しんきんこうそく》・狭心症《きょうしんしょう》、⑥脳梗塞、⑦非アルコール性脂肪性肝疾患、⑧月経異常・不妊、⑨閉塞性睡眠時無呼吸症候群、⑩運動器疾患、⑪肥満関連腎臓病

◆3キロ前後やせれば体調は必ず改善

これらの項目をよくながめると、先ほど触れたメタボに関係する要素がすっぽり収まっていることがわかると思います。メタボの終着点である心臓病や脳梗塞は、日本人の死亡原因でも大きな割合を占め、合計すると3割ぐらい。これはじつは、がんに匹敵する多さなのです。また、肥満は、寝ているときに呼吸が止まる睡眠時無呼吸症候群や、ひざ関節など運動器のトラブルも招きます。さらに、痛風、腎臓病などにも肥満がからんでいます。

ただし、肥満に伴うトラブルを抱えていても、あきらめることはありません。一気にやせて標準体重にならなくても、すこし減量すれば明らかに体調は改善するからです。大阪大学の研究によると、**内臓脂肪なら、断面積を20㎠減らすだけで心臓病のリスクが60％も低下することが明らかになっています。**先ほど挙げた**11の健康障害についても、3キロ前後やせるだけで、どんどん改善されていく**ことが、私の肥満外来の経験からも実証できます。

13

脂肪をぐんぐんため込む「魔の時間帯」がある

夜食で太るのは体内時計の働き

即効度★★　確実度★★★　容易度★★

夜勤などで昼夜のメリハリをつけにくい人が、肥満やメタボになりやすいことは周知の事実。実際に大規模な疫学調査で確認されています。そうした研究を続けておられるメタボ研究の第一人者が、日本大学薬学部教授の榛葉《しんば》繁紀《しげき》先生です。榛葉先生は、「夜中に食べると太る」理由を遺伝子レベルで解明されました。

私たちの体には、本来、「朝起きて、夜寝る」リズムを生み出す体内時計が備わっています。その体内時計をコントロールしているしくみのひとつが「BMAL1（ビーマルワン）」。細胞の中の遺伝子（DNA）に結合しているたんぱく質の一種です。じつは、**BMAL1には脂肪を作って蓄える酵素を増やす働きがあり、**時間帯によって増えたり減ったりします。**1日でいちばん多いのは午後10時から午前2時ごろで、最も少ない午後3時の約20倍。これが夜中に食べると太る理由だったのです。**

「夕食が遅くなったら、そのぶん寝る時間をずらせばいい」というのは甘い考えです。夜10時に食べている時点で、すでに太る原因を作っているのです。

14

夕食がいつも深夜の人は、いっそ夕食を2回に分ける

残業時の夕方6時を
“おにぎりタイム”に!

即効度★★★　確実度★★　容易度★★★

間食は、太る習慣の最たるもの。ダイエット中の人はもちろん避けるべきです。朝昼晩の食事を充実させて、バランスよく栄養を摂っていただきたいと思います。

例外的に間食のようなことをお勧めするとしたら、残業で、夕食を食べられるのが深夜になりそうな場合です。

男性に多いと思いますが、仕事で残業が多いと、「夕方おなかがすかないように、昼ごはんを満腹になるまで」食べ、「夜中に帰ったら腹ペコなので、急いでドカ食い」というパターンに陥りがちです。とくに夜中に食べるのは、最も肥満を招きやすい習慣（63ページ「BMAL1」、73ページ「グレリン」参照）。そういう人は、たいてい太っていますね。

その対策としてお勧めするのが、**午後6時ごろに軽くおなかを満たす**ことです。おにぎりやサンドイッチ、ドライフルーツなどを少量食べましょう。**帰宅後は、そのぶんごはんを控えて、野菜中心の軽い食事を。**夕食を2回に分ける感覚です。帰宅後の食事は軽くして、そのぶんを朝食へまわしてください。

15

夕食が済んだら、サッサと歯磨き

歯磨きは夜食のストッパーになる

即効度★★　確実度★★　容易度★★★

あなたは1日のうち、いつ歯磨きをしていますか？　職場に歯ブラシを置いて昼にも磨いている人を含め、多くの人が朝晩、歯磨きをしていると思います。

では、夜の歯磨きは、夕食の直後ですか、就寝前ですか？

寝る直前に歯を磨いていた人は、もし可能なら歯磨きを食後にシフトしてみてください。そうすると、**「今日はもう食べない」という心理的な区切りがつくからです。**

もしあなたが、寝る直前までテレビを見ながらお菓子をつまんでいるようなタイプなら、きっとそうした習慣にブレーキがかかるはずです。

また、ちょっと口さびしくなったり、軽く何か食べたくなったりしたときも、歯磨きをすると気分転換になってよいのではないでしょうか。

ご存じかとは思いますが、歯磨きは、歯茎《はぐき》のマッサージを兼ねて、優しくソフトにブラッシングするのが正しい方法。**ていねいに時間をかけて歯を磨いていると、うまく気分がリフレッシュできて、食べたいという欲求も忘れてしまう**と思いますよ。

16

いま買ったお菓子、何kcalって書いてありました？

カロリーや糖質表示、
原材料表示は必ず確認する

即効度★★　確実度★★★　容易度★★

ダイエットの基本は単純で、エネルギーの足し算・引き算に過ぎません。1日の消費エネルギーを超えないように食べる。摂取したエネルギー以上に動く。これが肥満予防の基本で、**やせるには「摂取エネルギーより消費エネルギーを大きく」することが必要です。**

ダイエットのとっかかりとしては、ふだん食べているものの中で「何が余分か」を考えて、例えば間食や、お酒の量、そのおつまみなどを減らしていきましょう。それに慣れたら、食事のカロリーを意識してコントロールしていけばいいと思います。日本糖尿病学会の「食品交換表」を使ったり、カロリー計算のためのアプリやサイトを利用したりするのも有効です。

スーパーやコンビニでお惣菜、お弁当などを買うときは、**カロリー表示を必ずチェックする**くせをつけましょう。同様に**原材料表示も、糖質や塩分など気をつけたい成分の摂り過ぎを防ぐ**のに役立ちます。最近はレストランでも、メニューにカロリー表示をするところが増えてきました。そういう表示も大いに参考にしましょう。

いま買ったお菓子、
何kcalって書いてありました？

カロリーや糖質表示、
原材料表示は必ず確認する

17

深夜の「ホルモンの乱れ」が悪魔の誘惑を仕掛けてくる

夜更かしはダイエットの敵である恐ろしい理由

即効度★★　確実度★★　容易度★★

ダイエット中の人に夜食はご法度。でも、遅くまで起きてパソコンやスマホをチェックしたり、家事を片付けたりしていると、無性におなかがすくことがありますよね。

その空腹の理由、あなたが食いしん坊だからというだけではないのです。**夜中まで起きていると、食欲をコントロールする体内のホルモンバランスが変化します。**

具体的には、食欲を増す「グレリン」というホルモンが増加し、満腹を感じさせる「レプチン」（107ページ参照）が減少します。スタンフォード大学のミニョー博士らによる調査では、5時間睡眠の人は、8時間睡眠の人に比べてグレリンが15％弱多く、逆にレプチンは15％以上少なかったと報告されています。

グレリンは、1999年に国立循環器病研究センターの寒川賢治《かんがわけんじ》先生、児島将康《まさやす》先生（現久留米《くるめ》大学教授）らが見つけられた物質です。主に胃で作られ、空腹によって分泌が増えるのが特徴です。**夜更かしをせず早く寝てしまえば、ホルモンのいたずらによるつまみ食いなどの誘惑を免れることができます。**

18

朝日を浴びて朝食を摂ると、やせ体質に変わる

脂肪をためない秘訣は
午前6~7時の朝食

即効度★★　確実度★★　容易度★★

細胞内の遺伝子と結びついている「BMAL1」は、脂肪蓄積の司令塔です。このたんぱく質は昼間に減少し、夜間に増加。活動が活発な深夜に食べると、太る原因になりやすいことは、すでに63ページでご説明したとおりです。

そのBMAL1の減少は、太陽の光と密接に関係していることがわかっています。**朝日を浴びると、BMAL1が減っていくのです。逆に、朝日の刺激なしに生活していると、BMAL1が増えたままになる可能性もあるそうです。**

このBMAL1の増減リズムは、「睡眠ホルモン」と呼ばれるメラトニンに似ています。脳の松果体《しょうかたい》から分泌されるメラトニンは、朝日を浴びると分泌が止まります。そして、その後15時間前後で再び分泌が増え、深部体温を下げて眠りやすい状態を作ります。

太りやすい夜型の習慣を改めるには、朝が肝心だということです。できれば午前6~7時ぐらいに起きて、朝食を摂ると、脳にも内臓にも朝を告げる合図になります。とくに温かい味噌汁やスープを摂ると、代謝が活発になるのでお勧めですよ。

19

ベッドに入る時間が脂肪の燃え方を決める

寝不足は「やせホルモン」が
働くチャンスを奪ってしまう

即効度★★　確実度★★　容易度★★

夜眠ることは、大切な体のメンテナンス。睡眠不足はお肌を傷めるだけでなく、ダイエットの大敵でもあるのです。

睡眠が足りないと、グレリンなどの食欲を促すホルモンが増加し、レプチンなどの食欲を抑えるホルモンが減少します。そのためについ夜中に食べてしまうことも、肥満のひとつの原因になります。

さらに、睡眠不足が続くと、そもそも脂肪が燃えにくい体になってしまいます。夜眠っている間には、脳下《のうか》垂体《すいたい》などから成長ホルモンが分泌されます。成長ホルモンは、青年期までの体の成長を促すだけではなく、大人の体内でも、ダメージを受けた組織の修復や、代謝を促す働きをしています。

このホルモンが不足すると、脂肪細胞のエネルギー燃焼効率が低下。**メタボの原因のひとつである内臓脂肪がたまりやすくなってしまいます。**

脂肪を燃えやすくする成長ホルモンの分泌は、午後10時から午前3時ごろがピーク。その時間帯を入れて睡眠を取ると、ダイエットにも効果的だといえるでしょう。

ベッドに入る時間が
脂肪の燃え方を決める

寝不足は「やせホルモン」が
働くチャンスを奪ってしまう

脂肪を燃やしてくれる脂肪組織があるの？
——どんどん脂肪を燃やして熱を生み出す褐色《かっしょく》脂肪細胞

私たちの脂肪組織（細胞）には、大きく分けて「白色脂肪組織（細胞）」と、「褐色脂肪組織（細胞）」というふたつの種類があります。

内臓脂肪や皮下脂肪のように、一般に知られている**脂肪組織は「白色脂肪細胞」**でできています。この組織の役割は、いざというときのエネルギー源として脂肪を蓄えること。その蓄え過ぎが皮肉にも肥満を招きます。

もうひとつ、**注目されているのが「褐色脂肪細胞」**です。こちらは寒い環境に置かれたとき、脂肪を燃やして熱を作ることが役割です。

私たち人類は、長い歴史を通じて、飢えたりこごえたりを繰り返してきました。そのために、飢餓状態に備える白色脂肪組織と、寒冷な気候に備える褐色脂肪組織が用意されたと考えることもできるでしょう。体温を一定に保って生きる哺乳類の体内には、一般に褐色脂肪組織が備わっています。そして、寒くなるとヒーターのように熱を生み出し、体を守っているのです。

じつは、ヒトの褐色脂肪細胞は、最近まであまり重視されていませんでした。赤ちゃんにはたくさんある褐色脂肪組織が大人になるとほとんど見られなくなることから、それほど重要な器官ではないのだろうと考えられていたのです。

しかし、2006年、天使《てんし》大学の斉藤昌之先生らが、画像診断で褐色脂肪細胞の働き（活性）を測定し、大人にも褐色脂肪組織が存在し、機能していることを確認されたのです。その検査手段は、がん検診に用いられるFDG−PET／CTです。がん細胞には、ブドウ糖を正常細胞の数倍も取り込む性質があります。そこで、がんのPET検査では、FDG（フルオロデオキシグルコース）というブドウ糖によく似た構造の薬を注射し、1〜2時間後にFDGがどこに集まっているかを撮影します。PET検査で脂肪組織にFDGが集まり、褐色脂肪組織と思われるものが映ることは、以前に海外で報告されていました。そこで斉藤先生らは、褐色脂肪組織に狙いを定めた評価方法を確立されたのです。研究では、健康な成人に、室温19度の部屋で2時間過ごしてもらった（寒冷刺激を与えた）あとと、そうしなかった場合（室温27度）のFDG-PET／CT画像を撮り、比較しました。すると、寒冷刺激を与えた場合だけ、脂肪組織にFDGが集まり、画像に映し出されたのです。その部分は、鎖骨の上のくぼみのあたりと、背骨に沿った部位でした。そして、それらの脂肪組織には褐色脂肪細胞が存在していることが突き止められました。私たちの体内にも、寒くなると脂肪を燃やす組織が備わっていることがわかったのです。

ただし、褐色脂肪細胞が見つかる人の割合は、年代が上がるにつれて減っていきます。つまり、**加齢とともに褐色脂肪細胞の活性が低下する**ということで、それもメタボの一因ではないかと考えられます。同じ年代でも褐色脂肪細胞の活性には個人差があり、**この細胞の働きが活発な人には、やはり肥満は少ない**ようです。

また、褐色脂肪細胞の活性が高ければ、血糖値の一種であるHbA1c（ヘモグロビンエイワンシー）の値も抑制されるということです。褐色脂肪細胞は、脂肪を燃やすだけでなく、糖のコントロールにも役立っているのですね。

「やせ細胞」を活性化させる方法は？
——薄着をするなど適度な寒冷刺激を与える

「やせ細胞」として注目されている褐色脂肪細胞は、鎖骨の周辺から背骨の両脇にかけてと、肩甲骨の周りに多く存在します。

この細胞、かつては成長とともになくなると考えられていたのですが、寒冷刺激を与えると活性を示すことから、成人にも存在しており、体温やエネルギー代謝の調節に寄与することが明らかになってきました。褐色脂肪細胞は熱産生、すなわちエネルギー消費活性を有しているため、その機能は肥満と深く関わっており、褐色脂肪細胞の活性が高い人に肥満が少ないという説にもうなずけます。私たちも、このやせ細胞の潜在能力を引き出したり、体内の数そのものを増やしたりすることはできないのでしょうか。

じつは、そういうこともできそうなのです。褐色脂肪細胞の活性や量には、何もしなければ大きな個人差があります。ところが、**あまり機能していなかっ**

た褐色脂肪細胞でも、刺激によって目覚めさせられること、そして、大人でもその数が増えることを、前出の斉藤先生は研究で確認しています。

◆褐色脂肪細胞が活性化すれば、ジョギングに匹敵する⁉

この研究では、褐色脂肪細胞の活性が低下している人を対象に、気温17度の室内で毎日2時間、薄着で安静に過ごしてもらいました。その寒冷刺激を6週間続けた結果、はっきりとした変化が現れたのです。まず、FDG-PET／CT画像に映る褐色脂肪細胞の量が、明らかに増えたことが確認されました。そして、寒冷刺激に対する1日の熱産生も3倍近くに増えていたのです。その結果、体脂肪は平均して500g以上減少していました。

寒冷刺激に対する熱産生というのは、基礎代謝以外に使われたエネルギーにあたります。成人男性が安静にしていても消費する基礎代謝は、1日あたり約1500kcalです。それに対して、褐色脂肪細胞の寒冷刺激に対する熱産生は1日あたり100〜300kcalでした。こうして並べてみると小さな数字だと思われるかもしれませんが、消費エネルギーのほとんどを占めるのは基礎代謝だということを忘れてはいけません。例えば、ジョギングの消費エネルギーは30分で150〜250kcal程度です。ということは、**褐色脂肪細胞が活性化すれば、ジョギング30分以上の運動に匹敵することになるかもしれません。**

ちなみに、対照群（寒冷刺激を与えなかったグループ）では、このような変化はまったく見られませんでした。ということは、**寒冷刺激にさらされたことが、やせやすい体質になった理由**だと考えられるわけです。この結果を応用して、日常的に褐色脂肪細胞を活性化する方法がいろいろ考えられます。例えば、気温17度前後の涼しい部屋に、薄着でいる時間を増やす、といったことです。

また、トウガラシの辛味成分カプサイシンに近い物質であるカプシノイドを投与することでも、褐色脂肪細胞の活性化・増量効果は認められるとのことです。同じような作用をもつ成分は、ショウガ、ワサビ、ミント、シナモンなどにも含まれています。褐色脂肪細胞についての、今後の研究に期待したいと思います。

20

「もっと食べれば!?」と勧められてもダイエット成功者は断り上手

勧められたらにっこり笑って
「十分いただきました!」

即効度★★　確実度★★　容易度★★

プライベートな食事会だけでなく、仕事でも、コミュニケーションの手段として会食などがセッティングされる機会は多いもの。とくに大事なお客様や取引先などが相手となれば、ダイエット中だからといって辞退できない場合もあります。

参加を断れない状況は仕方ないとして、問題はそのあとです。「若いんだから、まだ食べられるでしょう」「もう一杯いきなさいよ」などと、大事な取引先の人や、顔をつぶせない上司にそう勧められたら、断りにくいですよね。

そんなときは、にっこり笑って、「十分いただきました」「しっかりいただいてま〜す」などと、やんわり応じるのが上策です。くれぐれも、イヤそうな顔で「もうけっこうです！」「勘弁してください！」などといわないように（笑）。

勧められるまま食べたり飲んだりしなくても、同じ場を楽しんでいる気持ちが伝われば、通常、関係がまずくなることはありません。場の雰囲気を壊さずに、明るく断れるスキルを身につけておきましょう。ダイエットを長く続けていくための秘訣です。

21

今すぐできる「箸《はし》置《お》きダイエット」

10キロやせも可能な簡単で
画期的な方法

即効度★★★　確実度★★　容易度★★★

やせるためには、ゆっくり味わって食べること。**よくかむことで脳の満腹中枢が刺激され（109ページ参照）食べ過ぎが防げる**ので、それだけでも「やせ薬」になります。**かむ行為も、それだけで脂肪を燃やす刺激になります。**よくかまないで早食いしてしまう人は、自然とゆっくり食べるくせがつくように、お箸やスプーンの使い方を工夫してみましょう。

両手にお箸とお茶碗をもったまま食べると、口に入れたものを飲み込む前に、どんどんつぎのおかずに箸を伸ばしてしまいがちです。そこで、**口にひと口運ぶごとに、箸置きにお箸を置くようにしてください。**そうすれば、自然と口の中の食べ物に集中して、かむ回数が増えます。私の肥満外来でも、箸置きダイエットを実践され、みごと10キロ減量された主婦の方がおられました。

また、**ひと箸で口に入れる量を少なくすることも、よくかむコツです。**よく冗談で「カレーは飲み物」といわれますが、カレー用のスプーンも、小さいものを使うようにするとよいでしょう。一度に口に入れる量が減って、ゆっくり食べるきっかけになります。

22

「ながら運動」でも十分やせられる

すきま時間を使えば、
忙しくても賢くダイエット!

即効度★★★　確実度★★★　容易度★★

運動しているつもりはなくても、座っている時間を減らすだけでやせる「ニート」効果については前述しました（35ページ参照）。ということは、ジムやプールにいく余裕がなくても、すきま時間の「ながら運動」で、かなりのエネルギーを消費できるということです。

京都市の地下鉄には、10段ごとに消費エネルギーが書いてある階段がありますが、**エレベーターを使わずに階段を上り下りするとか、通勤の際に1駅分歩く**などは、体重や血糖値をコントロールする工夫の定番。**電車の中でも、立っているだけで座っているのに比べて20％エネルギー消費がアップします。**

家庭でも、こまめに体を動かして家事をしたり、自動車を使わず自転車で買い物にいったりすれば、それだけで相当の運動効果があります。

何かをしているときも、できれば体の使っていないところを動かしてみたらどうでしょう。**テレビを見ながらストレッチとか、洗い物をしながら足ぶみとか。腹式呼吸でおなかをふくらませたりへこませたりするドローイング**などでも、内臓脂肪は燃えるんですよ。

「ながら運動」でも十分やせられる

すきま時間を使えば、
忙しくても賢くダイエット！
ガタン
チリも積もれば…
ガタン
電車も座らないぞ！

23

歩数計でゲーム感覚のダイエットを

知らず知らずのうちに
活動量がアップ!

即効度★★★　確実度★★★　容易度★★

歩数がカウントされる歩数計は、ウォーキングの際や、散歩に出るときだけ利用してももちろんいいのですが、**家の中や職場でも、試しに1日中ずっとつけているとおもしろいかもしれません。**

東京都健康長寿医療センター研究所の青柳幸利《あおやぎゆきとし》先生は、群馬県で大規模な疫《えき》学《がく》調査を行なった結果、「1日8000歩」歩き、そのうち20分速歩きしていれば、生活習慣病全般の予防に有効だと結論づけています。

そして、その8000歩のうち**2000〜4000歩は、家事などで意識せずに歩いている歩数だそうです。**歩数計をつけていると、「いそがしい1日だと思ったら、家の中でもこんなに歩いていたのか」なんて発見があるのではないでしょうか。

また、手首や足首につけて使う活動量計は、歩数だけではなく、心拍数や家事や仕事などの活動量（エネルギー量）も測ってくれるので、消費エネルギー自体を知るのに便利で最近人気です。歩数計や活動量計は、スマホのアプリとしても手に入ります。ゲーム感覚で楽しむダイエットもいいですね。

24

スイーツは、特別な日に高級で宝石のような1品を

ごほうびは達成感と合わせて、
思いきり贅沢に!

即効度★★　確実度★★　容易度★★

患者さんたちに食生活を聞くと、間食だけで数百kcalもエネルギー摂取を増やしている人がけっこういます。「まずそれをやめましょう」と、私は口を酸《す》っぱくしていっています。ほんとうにやせたいなら、間食はぜひ断ち切っていただきたい習慣です。だって、おやつをやめるだけで、やせられる人がたくさんいるのですから。

でも、それでダイエットが続かなくなっては本末転倒なのも確か。大好きなケーキやお菓子をガマンし続けて、反動でヤケ食いに走ってしまうという話はよく聞きます。そういう人は、**小さな目標を設けて自分ルールを作りましょう。「2キロやせたら、1個だけ高級で小さなケーキを食べる」**というぐあいに。

小さな目標を達成したら、小さくて高級な「宝石のようなスイーツ」を贅沢に味わうのです。そうすれば、ダイエットの達成感もいっしょに味わえます。

自分へのごほうびを選ぶときは、くれぐれも安くてカサ（量）のあるお菓子は避けてください。いつでも買えるようなスイーツをダラダラと食べ続けるのがいけないのです。

25

減量が中だるみしたら美容院にいって、おしゃれアンテナを敏感に

流行のファッションに
ワクワクする感覚を!

即効度★　確実度★　容易度★★★

美容院（理容室）にいくのは好きですか？

流行情報が集まる美容院で、優秀な美容師さんと話をすると、はやりのヘアスタイルだけでなく、ファッションについてもいろいろなことが聞けますね。そのときどきの流行を踏まえて、あなたに似合う髪型や服装もアドバイスしてもらえるかもしれません。

美容院にはいろいろなファッション雑誌も置いてあります。その流行カタログから、「ボクなんて……」「私なんて……」と目を背《そむ》けてはいませんか？

思いきって「お勧めのファッション雑誌はありますか？」と尋ねてみてはどうでしょう。**「太っているからファッションとは関係ない」**ではなく、**「ちょっと太っているけどセンスがある自分」になってしまうのです。**

流行の情報に触れて、**「こんなふうに着こなしたい」「こういう服を着て、おしゃれしたい」と思う気持ちが、ダイエットのモチベーションになると思います。**デパートなどでも、積極的にウインドーショッピングを楽しむ心の余裕をもちたいものです。

26

スリムな人を食事に誘って何を食べるか観察しよう

「あれ、 私とだいぶ違うかも」と
気づくことが大切

即効度★　確実度★★　容易度★★★

肥満体の友人がいる人は、自分も肥満体になる率が57％増える、というハーバード大学の調査結果があります。

太っている人によくありがちなのが、自分の食べ過ぎに気づいていないこと。私自身が肥満外来で実感しているほんとうの話です。そういう人は、毎日２０００kcal以上摂っていても、それが普通だと思っているのです。なぜなら、周りの人がみんな同じように食べているから。

食欲旺盛な人につられるように食べていては、あなた自身に合った食事の量が、わからなくなってしまうのではないでしょうか。

ほかの人が食べている様子を、機会があったらさりげなく観察してみましょう。何を注文しているか、どんな食べ方をしているか、いろいろ参考になるかもしれませんね。

そして、スリムなお友達がいるなら、気が向いたときに食事に誘ってみてはどうでしょう。ジロジロ観察しなくても、**いっしょに過ごせば、ジュースや間食は摂らないなど、自然とよい影響を受けると思いますよ。**

スリムな人を食事に誘って何を食べるか観察しよう

「あれ、私とだいぶ違うかも」と気づくことが大切

27

順調に減ってた体重が急に減らなくなってもアセらない

これまでの努力をそのまま維持すれば突破できる

即効度★★　確実度★★★　容易度★★

ダイエットを始めてしばらく経つと、それまで順調に減っていた体重が、突然、壁に当たったように減らなくなる時期があります。この「停滞期」は、ダイエットを始めてからどれぐらいで訪れるかはまちまちですが、その時期が過ぎれば、また体重は減り始めます。**停滞期にはメゲたり、アセって無理なダイエットに走ったりしないことが肝心です。**

停滞期の原因は、体が一定の状態を保とうとするホメオスタシス（恒常性の維持）。生命活動の安定を保つ大切なしくみですが、ダイエットをして摂取エネルギーが少なくなり、体がやせていくと、それをエネルギー不足ととらえてしまうのです。体がエネルギー消費を抑えようとすることが、停滞期を作り出すわけです。脂肪組織が減り、レプチン（107ページ参照）の分泌が減ることも原因かもしれません。しばらく経って、体が「この摂取エネルギーが普通なんだな」と納得すれば、**停滞期は終わります。停滞期には、ダイエットがうまくいっている証拠だと思って、それまでどおりの取り組みを続けることです。**そうすれば、だいたい2週間から2か月ぐらいで乗り切れるはずです。

ゆっくり食べる人はなぜやせるの？

――食欲にストップをかけるホルモンが満腹中枢を刺激する

インスリンというホルモンに血糖値を下げる働きがあることは、皆さんよくご存じだと思います。

インスリンは、膵臓《すいぞう》のランゲルハンス島という組織にあるβ《ベータ》細胞で作られます。そして、毎食後、血液中にたくさんブドウ糖が運び込まれてくると、インスリンの分泌が増えます。エネルギー源であるブドウ糖を、筋肉や肝臓に取り込ませるためです。それによって血液中のブドウ糖が減り、血糖値が調節されるしくみです。このしくみがうまく働かなくなるのが、糖尿病です。

一方、脳の視床下部《ししょうかぶ》には、食欲を促す摂食中枢と、ブレーキをかける満腹中枢があります。そのうち満腹中枢は、食べ物をよくかむことや、食べたもので胃がふくらむことなどで刺激されます、そして、**ホルモンのバランスによっても刺激され、食べる行動をストップするスイッチが入る**のです。

◆レプチンが食欲にブレーキをかける

この満腹中枢に働きかけるホルモンとして、最近働きのわかってきたレプチンが注目されています。**レプチンは、全身の脂肪組織（脂肪細胞）から分泌され、大まかな体脂肪の量を脳に伝えていると考えられています。**

インスリンは、レプチンを分泌する脂肪細胞にもブドウ糖の取り込みを促しています。筋肉などに比べるとその量はわずかですが、備蓄エネルギーである脂肪の材料とするためです。

食後20分ほど経って脂肪細胞にブドウ糖が吸収されると、脂肪細胞はレプチンを分泌します。このレプチンが、飽食因子《ほうしょく》（食欲に対するブレーキ）として、満腹中枢に働きかけるのです。

「ゆっくり食べる」とよいのは、食後20分ぐらい経ってからこのブレーキが利き始めるからです。時間をかけてゆっくり食事していると、食事中に満腹感を覚え始めるため、食べ過ぎにならなくて済みます。逆によくかまないで早食いする人は、脳が満腹サインを出す前に食べ過ぎてしまう可能性が高いわけです。

ちなみに、**レプチンは、エネルギーの消費を促すホルモン**でもあります。レプチンが分泌され、脳に正常に作用すると、交感神経活動が高まり、エネルギー消費が増えます。つまり、やせやすくなるのです。**ただし、いつも食べ過ぎてばかりいて肥満体になると、インスリンやレプチンが血液中にたくさん存在しても、その効きが悪くなってしまいます。**これが「インスリン抵抗性」「レプチン抵抗性」です。インスリン抵抗性は、脂肪細胞が肥満してサイトカインの分泌バランスが変わることで生じます。つまり、アディポネクチンの分泌が減り、TNF−αやレジスチンなどの分泌が増えることが原因です。一方、レプチン抵抗性は、血液中のレプチン量が多いことに脳が慣れてしまい、脂肪をエネルギーに変える働きが弱くなってしまうのではないかと考えられています。

すでに相当の肥満に悩まされている人は、インスリンやレプチンの働きが悪くなっている可能性があります。その場合は、まず自分の理性で食欲をコントロールしながら減量に励み、ホルモンのブレーキ機能の回復を目指しましょう。

よくかんで食べると栄養の吸収がよくなって太るのでは？
――かむと食欲を抑える脳内物質ができる

最近の日本人は、歴史的にみて極端にかむ回数が少ないのだそうです。

元神奈川歯科大学教授の斎藤滋先生（日本咀嚼《そしゃく》学会名誉会員）らが、各時代の再現食を作って学生たちに食べてもらった実験があります。

その結果によると、**1食あたりの咀嚼回数は1935年ごろには1400回**ぐらいだったと推定されています。これが、現代の食事だと約600回に激減します。現代の日本人は、カレー、ハンバーグ、パスタなど、「よくかまずに食べられるメニュー」で育ちます。かむ回数が減るのも、当然の結果かもしれません。しかも、食事にかける時間も22分から11分へと半減しているのです。食事が11分で終わるなら、インスリンやレプチンが満腹中枢に働きかける前に食べ終えてしまうことになります。つまり、太りやすい食べ方なのです。

私たちの体には、かめばかむほどやせるメカニズムが備わっています。そもそも、**よくかむこと自体に満腹中枢を刺激する効果がある**のです。一般に（やせる目的だけでなく）、ひと口30回ずつかんで、20分以上かけて食べることが勧められています。ただし、ほとんどかまずに食事していた人が、急に30回ずつといわれてもむずかしいかもしれません。**初めは「ひと口15回以上」と意識**してみましょう。日本肥満学会の「肥満症診療ガイドライン2016」（日本肥満学会編）には、ひと口30回かむごとに○×式で成否を記録する「咀嚼記録紙」が掲載されており、よくかむことを勧めています。

◆間食したくなったらシュガーレスガム

また、かむ刺激によって、脳内にはヒスタミンという物質が作られ、満腹中枢が刺激されます。ヒスタミンは一般に、鼻粘膜や皮膚にあるマスト細胞という細胞から放出されるアレルギー症状の原因物質として知られています。しかし、脳の中で生じる神経ヒスタミンの働きは、これとはまったく別のもの。神経ヒスタミンは、かむ動作によって分泌され、脳の視床下部にある満腹中枢を刺激してくれるのです。この神経ヒスタミンの働きは、レプチンの作用とも関係しています。レプチンを正常なラットの脳に投与すると、神経ヒスタミンの合成と放出が促されることがわかっています。つまり、レプチンが脳に届くと、神経ヒスタミンも増えるのです。食欲を抑えるレプチンの働きは、一部には、レプチンによって放出を促された神経ヒスタミンによるものだと考えられています。このヒスタミンの原料になる栄養成分は、アミノ酸の一種であるヒスチジンです。**ヒスチジンを多く含むマグロや青魚を多く摂っている人は、食事量が少ない**ということも研究で確認されています。神経ヒスタミンには脂肪など貯蔵エネルギーの利用を促す働きがあり、脳がエネルギー不足になると、神経ヒスタミンは交感神経系を刺激して、血糖値を上昇させます。脳のエネルギー源であるブドウ糖を内臓脂肪や肝臓などに蓄えられたグリコーゲンから合成させるのです。間食をしたくなったとき、シュガーレスガムなどをかむだけでも、同じ効果があります。よくかんで脂肪の燃焼を促しましょう。

28

減量目標クリアのごほうびには、お気に入りの洋服を

グルメをごほうびにすると、
努力が水の泡になりかねない

即効度★　確実度★　容易度★★★

ダイエットは、1か月に5キロとか8キロとか、一気にやせるものではありません。1か月に1～2キロずつ、コツコツ取り組んでいくものです。

だからこそ、継続できるように自分への動機づけも大切。**「2キロやせたら」「60キロを切ったら」**と、**節目に小さい目標を掲げ、「自分へのごほうび」を準備しておくのも悪くない方法だと思います。**

贅沢なスイーツなどをちょっと食べることも、禁欲をガス抜きするよい機会になります。それ以外にも、**「着たいと思う洋服」をごほうびに決めておくというのはどうでしょう。**自分へのごほうびを、あれこれ考えるのは楽しいもの。ファッション雑誌を見て、「こんな服が似合うようになりたいな～」と強く思うことも、よい刺激になります。

古典的な工夫として、**「(太る前に着ていた) お気に入りの服を、目に見えるところにかけておく」**というのもあります。同様に、パソコンやスマホの待ち受け画面を、着たいと思うファッションのイメージにしておけば、何度も目にすることになり、モチベーションアップに一役買ってくれますね。

29

ながら食い。マナー悪けりゃプロポーションも悪くなる

食事のマナーと体型の美しさは比例する

即効度★　確実度★★　容易度★★★

あなたは食事をするとき、マナーの悪い「ながら食い」をしていませんか？テレビを見ながら、雑誌をめくりながら、あるいはスマホをいじったりしながらメリハリのない食事をしていると、食べているもののおいしさがわからず、満足感が得にくくなります。キリがないので、ダラダラ食いによる食べ過ぎの原因にもなります。最近では電車に乗りながら、あるいは歩きながら食事をしている人まで見かけます。これらはもちろん行儀が悪い食べ方です。

食事はきちんとテーブルについて、器に盛って食べるもの。食べ物の命をいただく行為なのですから、マナーを守って楽しめば気持ちがいいと思います。そうすると、食欲を満たすだけではなく、心理的な満足も得られて、ダラダラ食いなどしなくなるはず。

同じ「ながら」でも、クラシックなどのゆったりした音楽をかけてリラックスしながら、お料理の見栄えを楽しみ、味わって食べるマナーのいい「ながら」をお勧めします。**食事をきちんとマナーよく楽しむことは、ダイエットを続けるいちばんの秘訣かもしれません。**

ながら食い。マナー悪けりゃ
プロポーションも悪くなる

食事のマナーと体型の美しさは比例する

30

「今月中に2キロやせる！」ダイエット宣言は成功への近道

やせる喜びを
分かち合える人がいると強い

即効度★★　確実度★★　容易度★★★

「ダイエットを知られたら恥ずかしい」「こっそりやせて、みんなを驚かせたい」という気持ちは、誰にでもあると思います。一方、「私ダイエット中なんで、ご協力お願いしま～す」と、周りに高らかに宣言してしまう人もいます。

ダイエットを秘密にするのと宣言するのと、どちらが成功しやすいでしょうか？　調べてみたわけではありませんが、宣言してしまうほうがいいと私は思います。

理由のひとつは、**「宣言した以上、絶対にやせなくちゃ」と自分への動機づけになるから。**もうひとつは、**周りからの協力が得やすくなるから**です。

打ち明けやすい人に、「ダイエットしてるのでよろしく」といってみてはどうでしょう。何かとアドバイスしてもらえたり、食事会で別メニューを大目に見てもらえたりするはずです。たまにお菓子を食べるとき、「半分食べて」なんて頼むこともできるかもしれません。私たち医師の経験則としても、ダイエット仲間やいっしょに散歩する仲間をつくったり、家族に日々チェックしてもらったりできる人は、減量に成功しやすいといえます。

31

「もったいない精神」も工夫次第。片付け食いはNO！

“日本人の美徳”は
リメイク料理など上手に活かす

即効度★★　確実度★★★　容易度★★

家族の食べ残しを「もったいないから食べてしまおう」と考えるのは立派。その精神は、まさに人間の鑑《かがみ》です。ただし、「ダイエットが必要な人を除いては」です。主婦の片付け食いは、女性の太る理由として常に上位に挙げられます。善意のせいで、太りたくはありませんよね。もちろん、男性のあなたも。片付け食いを避けるためには、家族の食べ残しを減らすのがいちばん。**いまと同じ量を残さず食べようと考えるのではなく、みんなが食べきれる量のお料理を作ることです。**

ところが、これも意外と徹底できないものです。そのほかにも、お隣さんから、お土産のおまんじゅうをもらっての「もらいもの太り」もよくあります。どうしても食べ残しが出たときは、食べずに密閉容器などに一時保存しましょう。**ストックしたおかずを翌日のお弁当や食卓に回せば、お財布にも優しく、それこそ、もったいない精神が貫けます。**リメイクした前日のおかずを、家族に別の料理だと思わせる達人も。食べ残しは「しめた！　明日のおかずに」と考えましょう。

32

味、見栄え、歯ごたえ……グルメレポーターのつもりでじっくり味わおう

よくかんでゆっくり食べ、
惰性《だせい》で口に放り込まない

即効度★★　確実度★★　容易度★★

食事はゆっくり食べると、より少ない量で満腹感を覚え、肥満の防止になります。よくかむことで脳内にヒスタミンが作られ、さらに食後15〜20分もするとインスリンやレプチンなどのホルモンが増えて、満腹中枢を刺激するからです（106ページ参照）。

なので「早食いはダメ」「よくかんで食べよう」といっているわけですが、**習慣になるまで、ゆっくり食べることと自体なかなかむずかしいかもしれません。**意識が続かず、うっかりいつものペースで食べてしまったりするからです。

そこで、**食事そのものを吟味しながら、じ〜っくり食べてみては？**

自分で作った料理なら、「うまくできているかな」「今度はどうアレンジすると、もっとおいしくなるかな」などと考えながら食べてみましょう。

外食でも、盛り付け、歯ごたえ、味わいなどを、誰かにレポートするつもりで。「これはどんな食材だろう」「どんな作り方をしたのかな」、そして、お店の雰囲気も観察しながらいただくと、食べる喜びが増すうえに、自然と時間をかけることになります。

33

たった数分、「口さびしい」をしのげるかが勝負の分かれ目

口さびしさは、
「かじった感」で紛らわせられる

即効度★★　確実度★★　容易度★

「口さびしさから、つい、クッキーやポテトチップスを食べてしまう……」。ダイエットがうまくいかない理由として、そんな悩みをよく聞きます。「禁煙したら、今度はスナック菓子が手放せなくて……」といったケースもその典型。要するに、手持ちぶさた、口さびしさで落ち着かないのです。**口さびしさをしょっちゅうお菓子で満たしていたら、当然、カロリーオーバーです。**

何かが口に欲しくなったら、別のことをして数分だけしのいでみましょう。気がつけば欲求が消えているはずです。気を紛らわすには、水を飲む、雑誌を読む、家族としゃべる、ゲームをする、友人にメールをするなど、いろいろな方法が考えられますね。

また、よくスナック菓子が食べたくなる人は、「かじった感」がくせになっていることが多いもの。おなかはいっぱいなのに、パリパリとした「かじった感」欲しさにポテトチップスなどに手が伸びてしまうのです。これを防ぐには、**口さびしくなったとき、スティック野菜やスルメ、シュガーレスガムなどを利用するとよいでしょう。**

たった数分、「口さびしい」をしのげるかが勝負の分かれ目

口さびしさは、
「かじった感」で紛らわせられる

34

たいして食べてないのに太る人は、交感神経がサボっているのかも

生活の乱れを修正するのがいちばんのカギ

即効度★★　確実度★★　容易度★★

肥満のいちばんの原因は食べ過ぎ。ただし、生活リズムの乱れが太りやすくしてしまうことも、すでに述べたとおりです。

これについては「モナリザ症候群」というおもしろい言葉があります。ルイジアナ州立大学のジョージ・ブレイ博士の報告から生まれた言葉で、あの名画とは無関係。「肥満の多くは交感神経の機能低下によるもの（Most obesity known are low in sympathetic activity）＝MONALISA」という英語の略で、一種のゴロ合わせです。

交感神経のことはご存じでしょうか。私たちの生命活動をコントロールしている自律神経系には、活動を活発にする交感神経と、休息モードにする副交感神経があります。どちらも常に働いていますが、昼間は交感神経、夜間は副交感神経が主役になります。

生活リズムの乱れでこのバランスがくずれると、エネルギー消費を増やすべき交感神経がうまく働かず、病気だけでなく肥満の原因にもなります。「生活の乱れにも要注意」というのが、この「モナリザ」のメッセージなのです。

35

居酒屋で、「まず、なに頼むの？」「サラダでしょ」

すぐ始めてほしい
「食べる順番ダイエット」

即効度★★　確実度★★　容易度★★★

「食べる順番ダイエット」はご存じですか。これは、**まず野菜や海藻、キノコなど（食物繊維）から食べ始め、つぎに魚や赤身の肉（たんぱく質）に箸を進め、最後にごはんやうどんなどで締める食べ方。ゆっくり時間をかけて食べることも大事なポイントです。**

じつはこれ、私たち糖尿病の専門医が、患者さんたちに勧めている食べ方なのです。理由は、**血糖値の急上昇を抑えることができるから**です。

糖尿病の人は、当然、血糖値のコントロールが大切です。また、それ以外の人も、血糖値が急に上がると体内で脂肪が作られやすくなります。

それを抑えてくれる強い味方が、野菜などの食物繊維です。食べる順番ダイエットは、まさに食物繊維のメリットを活かす食べ方です。こうすると血糖値の上昇がゆるやかになり、糖尿病の予防や治療、そしてダイエットにもなるというわけです。

飲み会などでも野菜から食べ始めましょう。食物繊維が食べ過ぎも防いでくれます。

36

「食べるのが趣味」から卒業して新しい趣味をつくろう

新しい趣味をもつとやせるわけ

即効度★★　確実度★★　容易度★★

あなたの趣味は何ですか？　スポーツや散歩のように直接体を動かす活動ではなくても、「食べる」以外の趣味、例えば「読書」「編み物」などもやせることに直結します。というのは、**好きなことをしていると、あっという間に時間が経ってしまうから。時間が経つのを忘れていると、食べることも忘れてしまいますよね。**そのぐらい夢中になれることを見つけるのは、ダイエットにもとてもよいことなのです。

日々できることなら、読書でも音楽鑑賞でも、ガーデニングでも何でもオーケー。例えば、好きなアーティストの音楽でリズムに乗ると、体も動かせて一石二鳥ですよね。

それから、恋は究極のやせ薬ともいわれます。これは、長年の肥満外来の経験の中でも、患者さんからよく聞く話です。お気づきの方もいると思いますが、好きな人のことを想っていると、食欲が紛れるかもしれません。そのうえ、やせてスタイルをよくしたいというモチベーションにもなるので、恋をしていない人よりやせる可能性が高いようです。

37

ダイエットに成功したらボトムはお気に入りのジャストサイズを

ボトムのフィット感で
おなかのぜい肉をチェック!

即効度★　確実度★★　容易度★★★

ダイエットに成功したとき、多くの人が喜ぶのは、「ウエストが細くなった」ということ。とくに女性は、いくつになっても「昔はいていた9号のスカートがはけた！」なんて、思わず自慢したくなるものです。

「BMI20台前半」ぐらいの理想的なやせ方ができたら、そこからは体型をキープすることがダイエットの目標になります。その際、**自分で変化がわかりやすいウエストサイズを、体型維持のバロメーターにする方法は有効です。**

ジャストサイズのおしゃれなボトムを、自分にプレゼントしましょう。**ウエストにストレッチのないものを選ぶと、体型の変化やリバウンドの兆しに気づくことができます。**はいていて窮屈《きゅうくつ》に感じてきたら、黄色信号。ダイエットして元に戻しましょう。

女性の場合、デニムや、レギンス、サブリナパンツなど、タイプの違うボトムで体型の変化をモニターしてもいいですね。デニムはヒップや太もも、レギンスは下半身のシルエット、サブリナパンツはふくらはぎのバロメーターになると思います。

「太る連鎖」を断ち切る食品ってあるの？

――高脂肪食を摂りたくなくなる玄米のパワー

最近話題にされる「報酬系《ほうしゅうけい》」という脳のシステムがあります。食欲のような強い欲求が満たされるときに活性化し、ドーパミンという神経伝達物質が満足感を生み出します。報酬系は、よくいえば「生存本能の源」ですが、悪くいえば「欲張りな神経」です。依存性の強い覚醒剤《かくせいざい》や危険ドラッグなどがやめられなくなるのも、じつは薬のもたらす快感に慣れた報酬系が、同じ成分量では満足しなくなるからです。

ドーパミンの活動の場である報酬系は、脳内の場所で示すと、脳幹《のうかん》の最上部にある中脳の腹側被蓋野《ふくそくひがいや》から、大脳辺縁系《だいのうへんえんけい》の側坐核《そくざかく》、大脳基底核《きていかく》の線条体《せんじょうたい》（その一部が腹側淡蒼球《たんそうきゅう》）を結んで、摂食中枢が存在する視床下部《ししょうかぶ》に至ります。

ドーパミンを作る神経細胞（ドーパミンニューロン）は、腹側被蓋野にたくさん存在し、側坐核にドーパミンを送ります。そして、側坐核は腹側淡蒼球をドーパミンで刺激したり、GABA（ギャバ）という神経伝達物質で逆に抑制したりしています。異常に食欲が高まるときには、GABAによる抑制作用が低下しているのです。

私たち研究者が報酬系に注目しているのは、**高脂肪食の常食でも「中毒」に近い状態が生じる**からです。脂肪のおいしさには依存性があり、また食べたいという欲求が高じるために報酬系の満足するレベルが高くなってしまいます。つまり、**高脂肪食に慣れると、低脂肪食をおいしいと感じなくなってしまう**のです。

とくに、高度肥満の人では、線条体ニューロンのドーパミンに対する反応が鈍く、食事をしたことによる満足感すら覚えにくくなることがわかっています。

◆玄米の成分に高脂肪食の悪循環を断ち切る可能性が

一方、高脂肪食を食べると、食欲をコントロールしている視床下部そのものに、炎症が起こることがわかっています。これは、食欲を抑えるレプチンの働きが悪くなる原因でもあります。ワシントン大学のターラー博士らは、ラットとマウスに60%の高脂肪食を与えると、視床下部に炎症が生じることを報告しています。これはあくまで動物実験ですが、人間でも同じことが起こるとすれば、週に何回か脂肪の多い食事を摂るだけでも、視床下部の炎症が慢性化してしまうことになります。

現在、〝沖縄クライシス〟といって肥満の増加が問題になっている沖縄ですが、琉球大学教授の益崎裕章《ますざきひろあき》先生らは、**玄米の成分に、こうした高脂肪食の悪循環を断ち切る可能性がある**ことを研究で明らかにしました。まず、メタボと診断された男性たちに白米食と玄米食を摂ってもらい、玄米食が血糖値の上昇を抑え、体重を減少させることを確認しました。そして、動物実験でそのメカニズムを分析したのです。その結果から、玄米に含まれているγ《ガンマ》-オリザノールという成分が、高脂肪食によって脳の視床下部に生じる炎症を軽減するのだと考えられています。

視床下部の炎症は、酸化ストレスや小胞体《しょうほうたい》ストレスと絡み合っています。酸化ストレスというのは、ご存じのように活性酸素による害ですが、小胞体ストレスは聞き慣れないかもしれませんね。細胞内には、たくさんのたんぱく質分子が存在し、その中には炎症などによって性質の変わってしまうたんぱく質もあります。その変性たんぱく質が、細胞に負担となる状態が、小胞体ストレスと呼ばれるものです。

細胞内のたんぱく質の活動を助ける物質を分子シャペロンといいますが、益崎先生らの研究は、γ-オリザノールが視床下部で分子シャペロンとして働くことを示しています。

◆リバウンドは「報酬系の破綻《はたん》」と関係

肥満症に伴う食べ過ぎや、やせたあとのリバウンドは、このような「報酬系の破綻」と関係があるのではないかと考えられます。そこで私も、肥満症の改善、ダイエット後の反動防止を目的に、報酬系の病態を研究しているところです。将来的には、「食べ過ぎの治療薬」が開発できないかと思っています。

38

〝魔法の食材〟を使って、満腹感の喜びを味わう

「かさましごはん」で、
おなかも心もいっぱいに！

即効度★★★　確実度★★★　容易度★★

白米が大好きで、ごはんを減らすのがつらいという人もいるかもしれません。白米は、できれば小さめのお茶碗を使うか、お茶碗に軽く1膳《ぜん》にとどめたいものですが、**ごはんを減らしていることがストレスになっては、ダイエットが長続きしない原因にもなります。**

そんな人には、「かさましごはん」をお勧めします。これは、**から煎《い》りした「しらたき」をみじん切りにしてお米といっしょに炊いたもの。白米だけで同じ量を食べるのと比べ、20～30％程度のカロリーダウンになります。**

かさましごはんはしらたきを使うのがポイント。ごはんとしての味にあまり影響がありません。見た目も普通のごはんと変わらず、気にならないはずです。

また、同様のアイデアをおかずに応用すれば「かさましおかず」ができます。例えば、麩《ふ》やおからをハンバーグに混ぜると肉の量が減らせます。春雨を野菜炒めに入れたりサラダに加えたりすると、ボリュームがアップします。しらたき、麩、春雨のほか、こんにゃくなども低カロリーで、かさましおかずなどの料理に向いた食材です。

39

アラフォーから太り始めた人にお勧めのダイエット法は？

更年期の体の変化は、
栄養バランスで乗りきる

即効度★★　確実度★★　容易度★★

「若いころは少しぐらい太っても、すぐ元に戻ったのになあ……」。そうお嘆きのアラフォー世代は少なくないと思います。

40歳前後に太りやすく、やせにくくなるのは、ある意味、自然の摂理。個人差はありますが、**若いころよりも基礎代謝が落ちてくるからです（メタボ検診が始まるのも40歳からですね）。**

さらに女性の場合、更年期で女性ホルモン（エストロゲン）の分泌が減ると、脂肪がつきやすくなります。エストロゲンが減ると、レプチンというホルモンが減少して脂肪が燃えにくくなるのです。

こうした体の変わる時期を乗りきるには、栄養のバランスを考えながら食事日記をつけたりして、食事の量と体重を把握していくことです。また、女性には、急激に減る女性ホルモンを補う、大豆イソフラボンの摂取も勧められています。腸内でイソフラボンが分解されてできるエクオールという成分も脚光を浴びています。私の肥満外来でも検証しましたが、エクオールにより、コレステロール値が低下し、血管がしなやかになっていました。

40

大皿を皆でつつくか、小皿でめいめい食べるか。その差が大きい

見た目の満足感は大切。
食欲を抑えてくれる

即効度★★　確実度★★　容易度★★★

あなたのお宅では、ごはんのおかずを大皿に盛って出しますか、それとも小皿に分けて出しますか？

大皿をみんなでつつく食卓は、和気あいあいとして楽しいものです。でも、ダイエットへの影響を考えると、やはりデメリットがあるのです。それは、つい家族につられて箸の運びが速くなったり、食べた量がわからなくなったりすること。

最初から、おかず一品ごとに作る量を加減し、めいめいのお皿に分けてテーブルに出してみてはいかがでしょう。**小さめのお皿に少しずつ料理を盛って、食べきったらおかわり。**家族の栄養バランスを管理するうえでも役立ちます。

ドカ食いを防ぎ、栄養のバランスが取れるほかにも、**たくさん並んだ小皿は「見た目の満足感」を演出してくれます。それに、同じおかずでも、小皿に盛ったほうが大きく、たっぷりに見えます。**例えば、巷《ちまた》の食堂の天丼でも、どんぶりからはみ出しているエビは大きく見えますよね。そうした心理的効果も、なかなかどうしてあなどれません。

41

買い物メモは、家計にもダイエットにも効く

「必要なもの」をメモして出かければ、
ムダ買いなし

即効度★★　確実度★★★　容易度★★★

食材の買い出しで、つい余計な買い物をしてしまうくせは、食材のムダや食べ過ぎの原因になります。お店にいってから買うものを決めていると、「あ、これ安い！」「あ、これおいしそう！」と目移りして当然です。

思い当たる人は、**あらかじめ献立を決めて、必要な食材をメモして出かけましょう。もちろん、メモしたものだけを買うようにします。**

もうひとつ気をつけたいのは、おなかがすいているときの買い物。この場合は食欲に駆《か》られることが、必要以上の食べ物を買ってしまう原因になります。

日中に買い出しができるなら、**お昼ごはんをすませたあと、ウオーキングを兼ねて買い物にいくのが理想的。**食後30分から1時間は血糖値がいちばん高くなる時間帯。そのタイミングで出かけ、すこし散歩すると、糖が消費されるぶん、脂肪がつきにくくなります。

仕事帰りに買い物が必要な人は、やはりメモを用意して必要なものだけを買うようにしましょう。夕方を過ぎると安くなるお惣菜は、ありがたいけれど、買い過ぎに注意です。

42

ボディーに目がいくファッションでやせる快感をアップ

例えばノースリーブの服を買って「視線集中エステ」を

即効度★★　確実度★★★　容易度★★

太っている人には、なるべくシルエットが隠れる服を選ぶ傾向があります。その気持ちもよくわかりますが、もっと思いきりおしゃれを楽しんでみてもいいのでは？

多くの人の目にさらされる芸能人に、太っている人は少ないですね。インタビュー記事などを読むと、「きれいでいなければ」という緊張感があるからのようです。**交感神経がしっかり働いて、脂肪を燃やしているのでしょう。**

ですから、ちょっとぽっちゃりさんでも、勇気を出しておしゃれを楽しみ、**周りの視線を意識していけば、やせるモチベーションが伴ってくると思います。**

多くの女性は二の腕のたるみを気にしていますよね。ダイエットに成功したら、ぜひノースリーブの服を着てみましょう。周囲の視線を味方につけて、「もうプルプルさせないぞ！」と芸能人のような動機づけをするのです。女性なら、スカートをはいて、脚を出してみるのはいかがでしょう。男性も、同僚や女性を「ハッ」とさせる服を選んで、交感神経を刺激してみてはいかがでしょうか。

43

ココロとカラダのうれしい変化を記録して忘れない

やせると、
体調や人づきあいが好転してくる!

即効度★　確実度★★★　容易度★★★

食事記録や体重グラフは、ダイエットのとても強力な武器になりますが、**減量に成功し始めたら、自分が気づいたよいこと、うれしいことも記していけば、リバウンドの防止や、目標まで、さらにやせるうえでの動機づけになります。**

病的な肥満に11の合併症（肥満に伴って起こる健康障害）があることは前述しましたが（60ページ参照）、それらは2～3キロでもやせると、検査値として目に見えて改善することをよく経験しています。また、太っていると、体が重くて動きが鈍かったり、自信がもてなかったり、いろいろデメリットを感じることがあるはずです。それが原因で「自分を好きになれない」としたら、とても不幸なこと。一方、ダイエットがうまくいき始めて、体調がよくなったり、体が軽くて疲れにくくなったりすると、とてもうれしいものです。「スリムになったね」と褒められたり、人づきあいにも楽しいことが増えてきます。

そうしたことを記録して、心に刻みつけましょう。**やせたメリットを強く自覚すると、太りにくくなるはずです。**スマホにもダイアリーのアプリはたくさんありますね。

44

やせたときにしか始められないことがある。あなたは何をする?

ダイエット成功は、
アクティブな自分に変わるチャンス!

即効度★★　確実度★★　容易度★★

高度肥満の人には、就職に苦労している人や、引きこもりがちな人もいます。そうした人たちがダイエットに取り組むことで、前向きになったり、外に出て人生の楽しみを増やしたりしてくれることも、私が診療に取り組むうえで強い動機になっています。

そこまで深刻でなくても、太っているからできなかったこと、思いきって挑戦できなかったことが、あなたにもありませんか？**ダイエットに成功したら、ぜひ、やってみたかったことにチャレンジしてほしいと思います。**アルバイトでも、習い事でも、新たなスポーツでも、恋愛でもいいと思います。体にキレが出て、動くのが楽しくなってきたという人は、やせたタイミングで、興味のあるスポーツに挑戦してみるのもいいでしょう。大げさに考えず、ハイキングやサイクリング程度でも、筋肉をつけることに直結し、太りにくい体質づくりに役立ちます。

また、スポーツ以外にも、趣味に取り組んで体を使うだけでも消費エネルギーを増やすことになるので、リバウンドの防止に有効です。

45

「いただきます」をいわない人が太るのにはワケがある

食前食後のあいさつで、
食にけじめがつけられる

即効度★★　確実度★★　容易度★★★

食前食後の「いただきます」と「ごちそうさま」。食事が準備されるまでのたくさんの人の苦労に、食卓を囲む人が感謝を示すあいさつです。「いただきます」のほうには、食べ物の命そのものに対する感謝も込められています。

家族と暮らしている人は、ごはんを作ってくれた人や、お互いへのあいさつとして、普通に「いただきます」をいっていると思います。ところが、一人暮らしの食卓や、外食の際の食堂などではどうでしょう。あいさつをしていない人も少なくないのでは？

私は、なんとなく食べ始め、なんとなく食べ終わるのでは、すこしけじめに欠けるような気がします。**けじめなく食べているから、満足感も感謝もなく、ダラダラ食いになり、食習慣が乱れて肥満につながることがある**のではないでしょうか。「さあ、食べるぞ」と喜びを感じ、「しっかり食べた」と感謝できるように、一人で食べるときにも「いただきます」と「ごちそうさま」を声に出していうことをお勧めします。**感謝の気持ちも食べ過ぎのブレーキになる**と思うからです。

「いただきます」をいわない人が太るのにはワケがある

食前食後のあいさつで、
食にけじめがつけられる
いただきます！
ごちそうさま！

46

人気の糖質制限は、取り入れ方にコツがある

過度の糖質制限は
継続しにくくリバウンドしやすい

即効度★★★　確実度★★　容易度★★

糖尿病の患者さんの悩みである高い血糖値を下げ、減量にも有効なダイエットとして、糖質制限食（低炭水化物食）が人気です。

このダイエットの考え方は、体内でブドウ糖になる炭水化物（主食であるお米やパン）を摂る量を減らせば、それだけ血糖値が下がるというもの。シンプルでわかりやすいようですが、**日本でもアメリカでも、極端な糖質制限は、当の糖尿病学会では推奨していません。**極端な制限を安易にやり過ぎないほうがよいと私は思います。

ダイエットの効果と安全性を検証した研究に、イスラエルでの有名な「DIRECT」があります。これは300人以上を集めて低炭水化物食、低脂肪食、魚やオリーブ油の摂取に特徴のある地中海式の食事を継続してもらい、比較したものです。2年間食事に介入し、その後4年間追跡調査をした結果、どの方法も減量に役立ち、血糖改善効果がありました。しかし、低炭水化物食は、継続できない人やリバウンドの割合が高いという報告もあるので、極端な制限ではなく、糖尿病学会が提唱している基準を参考にするようにしましょう。

炭水化物の摂取はどこまで減らせるの？
——絶食や過度の糖質制限は推奨できない

前の項目で、極端な糖質制限はやり過ぎないほうがよいと述べました。その理由を、医師としてきちんと説明しておきましょう。

ご存じのように、食事に含まれる3大栄養素といえば、糖質（炭水化物）、脂質、たんぱく質を指します。毎日の活動の「エネルギー源」となったり、体を作る「材料」になったりする重要な成分だからです。これに、体をスムーズに動かす「潤滑油」としてのビタミン、ミネラルを加えたものが、5大栄養素。そして最近は、腸の状態を整える食物繊維を6番目の栄養素として数えることもあります。

その中でも、生命活動に欠かせない主なエネルギー源となっているのが糖質、つまり炭水化物です。私たちの体は、お米やパン、麺類などに含まれる炭水化物を、体内で消化してブドウ糖に変え、最大のエネルギー源として利用しているのです。ブドウ糖は、小腸から吸収されると、血液中に混ざって全身の細胞に供給されます。このブドウ糖の量が、例の「血糖値」と呼ばれるものなのです。そこで出てきそうなのが、こういう反応です。「えっ、血糖値が高いのが糖尿病でしょ。血糖値は下げないといけないのでは？」このような考えで、ごはんやパンを遠ざけている人もいるかもしれません。ここでは、このような人の誤解も解いておきたいと思います。

◆やせにくい体になるパラドックスへ

血糖値は、誰でも食後には必ず高くなります。これは、エネルギーを全身に届けるために必要なこと。糖尿病は、空腹のときにも血糖値が高いままになってしまう病気で、それはダイエットとは別の問題です。逆に、血糖値がおおむね70mg／dlを切ると、私たちの体は「低血糖」という深刻なピンチに直面します。イライラして周りの人にキレたりするのは序の口。そのままブドウ糖不足の状態でいると、意識を失ったりする危険な状態に陥ります。

そこで、体には危機管理のシステムが備わっています。まず、ブドウ糖が減ってくると、肝臓や筋肉に蓄えたグリコーゲンを、ブドウ糖に戻して使っているのです。グリコーゲンは、血糖値が上がったときに蓄えられるエネルギーの備蓄です。

この糖も不足すると、つぎにエネルギーとして使われるのが脂肪です。このしくみがあるからこそ、摂取エネルギーを制限するとやせるわけですが、それも「適度」であることが必要です。

絶食したり、炭水化物を極端に減らしたりして飢餓状態になると、別の悪いやせ方にスイッチが入ってしまいます。飢餓状態では、筋肉を作っているたんぱく質が分解され、肝臓に運ばれてブドウ糖に作り替えられるのです。

これは、糖質が体に絶対必要だからこそ備わっている最後の「安全弁」です。ですから、糖質を摂らないでやせようとすると、たんぱく質が使われて筋肉が細っていきます。筋肉は、体のエネルギー消費の主役です。当然、筋肉がやせるとエネルギー消費が少なくなり、ますますやせにくい体になってしまうというパラドックスにはまってしまいます。
いき過ぎた場合、これは命にもかかわる事態です。そのために、糖尿病専門医の多くは、極端な糖質制限に懐疑《かいぎ》的なのです。また腎臓が悪い人には、摂取するたんぱく質量が増えるので勧められません。

◆日本糖尿病学会、日本肥満学会の指針を参考に

いわゆる「糖質制限食」と呼ばれるダイエット法において、炭水化物をどの程度控えるべきかは、提唱者によってまちまちです。日本糖尿病学会では、糖尿病の患者さんにでさえ、1日に摂取するべきエネルギー総量の40〜60％は炭水化物の摂取を勧めています。日本肥満学会でも、50〜60％を糖質とするよう指導しており、短期間であれば、個々の患者さんの特性に応じて40％程度までなら控えてよいとしています。

つまり、お米を排除するような極端なダイエット法は、少なくとも万人向きとはいえないのです。

47

筋肉は、エネルギーを消費してやせさせる、体内エンジン

筋肉は、
寝てる間もエネルギーを消費する

即効度★★　確実度★★　容易度★

「筋トレをすると体重が増えるから嫌だ」っていう人がいますよね。

筋肉は脂肪より重いというのは間違いではありません。でも、体重だけに目を奪われていると、ダイエットの落とし穴にハマってしまう可能性があるので要注意！

じつは、**筋肉こそ「やせる原動力」なのです。安静時のエネルギー消費量（基礎代謝）は、筋肉がたくさんある人ほど高いのです。**男性の平均的な基礎代謝は同じ年齢の女性より高いのですが、それも筋肉が多いことが主な理由です。

筋肉は脂肪より重いので、トレーニングを続けて筋肉を増やすと、初めは体重が増えます。でも、基礎代謝がアップして、エネルギーをどんどん消費してくれるようになりますから、それだけやせやすく、太りにくい体になるのです。

ＢＭＩだけでは、筋肉と脂肪のバランスがわかりませんから、**体脂肪にも注目しましょう。脂肪が多いと、それだけ筋肉が少ないという目安になります。**

体脂肪率は、男性なら25％未満、女性なら30％未満を目指したいものです。

48

ずっと座ったままはダメ、さあ立ち上がろう

こまめに動けば
消費エネルギーは増える

即効度★★★　確実度★★★　容易度★★

エネルギーは、スポーツなどをしているときにだけ消費されるわけではありません。肉体労働はもちろん、**普通に仕事や家事、趣味で動いているときにも消費されます。**

アメリカでは、こうした日常的活動での消費エネルギーが「ニート」として注目されていることについては35ページでも述べました。これはもちろん若年無業者を示す言葉（NEET）ではなく、日本語で「非運動性熱産生」と訳される「Non-Exercise Activity Thermogenesis」の略（NEAT）。メイヨークリニックのレヴィン医師らの論文から広まりました。

メイヨークリニックが行なった研究がどういうものかというと、やせている人と太り気味の人20人の行動を、10日間観察したのです。その結果、太り気味の人のほうが1日平均2・5時間、座っている時間が長かったというのです。つまり、2・5時間立っている時間を増やせば、約350kcalの運動になります。つまり、**「立って動く」機会を増やせば、消費エネルギーが増えて肥満防止になるということ。**内容は、部屋の掃除でもガーデニングでも、何でもいいのです。

49

ダイエットにいちばん効くアイテムは？

毎日の食事内容を記録しておこう

即効度★★★　確実度★★★　容易度★★

私がダイエットの指導に使っている基本ツールに、『ダイエットノート』があります。いろいろ工夫をこらした日記帳ですが、いちばん大事なポイントだけいうと、**毎日「食べたもの」と「体重グラフ」を書くこと**です。

患者さんは、この日記をつけることで、**自分の食べ方のくせを客観的にとらえることができ、食事内容と体重の関係にも気づきやすくなります。**そして、「これはマズい！」と気づいた点を修正することで、減量や、リバウンドの防止に役立つのです。その効果は絶大。ノートを書いている患者さんたちは、半年間で平均5キロやせているのです。

２００７年に評論家の岡田斗司《としお》夫さんが成功体験を紹介したレコーディング・ダイエットも同様の方法。岡田さんは、１日の摂取エネルギーを１５００kcal（40代男性・体重60キロの基礎代謝にほぼ相当）以内に抑えていたようですが、そこまで厳密に考えなくても効果は出ます。「昨日は食べ過ぎた」「間食がいけなかった」「けっこう（高カロリーの）ラーメン、カレーが多い」程度の気づきが大いに役立つのです。

50

世界でいちばん簡単な最強のダイエット法は？

誰でも効果が上がる、
1日2回の体重測定

即効度★★★　確実度★★★　容易度★★★

ダイエットには「低カロリー食の工夫」のように、特別な出費が少ないものもありますが、お金がかかるものもあります。例えば「ジム通いへの投資」など。それも、楽しんで取り組めるなら、よいのではないかと思います。

私があなたにお金の使い道をアドバイスしてよいのなら、**ダイエットに欠かせないアイテムとして「体重計」**を買っていただきたいと思います。

当外来の『ダイエットノート』にも、体重グラフがあります。これは、大分医科大学名誉教授の坂田利家先生が提唱された肥満の行動療法を参考にしたもので、日本肥満学会でも、行動療法の根幹として推奨されています。

坂田先生のグラフ化体重日記は、体重を①起床直後、②朝食後、③夕食後、④就寝直前の4回量り、その測定値を折れ線グラフにするものですが、お勤めをしている人などにはなかなかむずかしいので、朝と寝る前だけでも十分です。

自分の体重とその変化を直視することには、最も大きな（ほんとうに！）ダイエット効果があります。体重計を、あなたの努力を見守ってくれる強い味方にしましょう。

ダイエット中でも便秘になると太るの？

――食物繊維の不足は腸内環境を悪くする美容の大敵！

快便は、健康的にやせるためにも大切なことです。**もしもダイエットのために便秘になっているとしたら、それは適切なダイエットではないのです。**

そもそも「ダイエット」と称して、ほとんど食事らしい食事を摂らずにいれば、健康的なお通じがなくなってしまうこともあるでしょう。

また、便秘の原因としては、**水分の不足や運動不足**も考えられます。やせたいからと水を飲むのを控えるのは大きな間違いです。

じつは、便秘をすると太るというのも、あまり根拠のある話ではありません。便秘は、代謝が悪いときに起こりがちなので、「便秘のときは太りやすい」とはいえるかもしれません。

太るかどうかよりは、老廃物が排泄《はいせつ》できないことによる健康へのデメリットのほうが問題だといえるでしょう。

◆便秘予防に食物繊維を摂ろう

さて、一般に、「便秘予防には食物繊維を」といわれます。その理由のひとつは、消化されない食物繊維が、腸を刺激して蠕動《ぜんどう》運動を促すため。さらに、しっかりした量の便を作るためにも、食物繊維が必要だからです。そして、健康的なお通じのためには腸内細菌のバランスも大切ですが、そのカギになるのが食物繊維なのです。

私たちの腸には、500兆〜1000兆個といわれる無数の細菌が共棲《きょうせい》しています。腸内細菌は、病気やアレルギーを防ぐ免疫のサポーターとしても注目されています。

腸内細菌のうち、ビフィズス菌や乳酸菌のことを善玉菌といい、対する悪玉菌の代表は大腸菌やウェルシュ菌です。善玉、悪玉と分けられてはいますが、実際にはどちらもだいじな共棲者。**ただし、バランスとして善玉菌が優勢なことが、便秘の予防・解消、お肌の美容などにつながります。**

善玉菌を増やす秘訣は、食物繊維やオリゴ糖の摂取です。食物繊維が不足すると善玉菌が増えにくく、それがまた便秘になる原因になります。

逆に、悪玉菌は主にたんぱく質や脂質を栄養にして増殖します。そういう意味でも、「野菜たっぷり、お肉少なめ」がダイエットの王道といえるわけです。

ただし、気をつけてほしいことがあります。

きちんと食事をしている場合の話ですが、いままさに便秘に苦しんでいる人が「便秘解消のために食物繊維を」とがんばると、逆効果になってしまうことがあるのです。

食物繊維は、私たちの消化液では分解されません。出ていってくれない便がたまっているところへ、さらに消化されない食物繊維を入れてしまうと、腸の内容物が増えるだけで、よけいに苦しくなってしまいます。

便秘を解消したいときは、消化のよい炭水化物中心の食事を摂るほうがよいのです。こういうときが、おかゆの出番ですね。そして、水分を摂り、運動をすることです。

食物繊維をたっぷり摂るのは、いったん便秘が解消されて、スムーズに腸管が動き始めてからがベターです。

便の停滞が解消されれば、食物繊維が、それをエサにしている善玉菌にスムーズに届きます。そうすると、善玉菌が増え、形のよいバナナ状の便が、またしっかり出てくれるようになります。

正解は「便秘予防に食物繊維」であって、「便秘解消に食物繊維」ではないのですね。これ、意外と勘違いしやすいのですが、大事なポイントです。

ダイエットでいちばん味方になる栄養は？
——血糖値の急激な上昇を抑えてくれる「食物繊維」

肥満のいちばんの原因は食べ過ぎですが、食べ方によっても太りやすくなります。例えば、おにぎりやパンだけの単品食いや、早食いなどはよくありません。それは、血液中のブドウ糖の量が一気に増えてしまうからです。

血液中の糖分量を血糖値といいますが、この値は、私たちが食事を摂ると徐々に上がって、食後30分から1時間ぐらいでピークになります。その糖を利用するために分泌されるのが、インスリンというホルモンです。

インスリンは血糖値を下げるホルモンとして知られていますが、その基本的な働きは、肝臓や筋肉に糖をいったん貯蔵することです。それで血液中の糖分量が減って、血糖値が下がるのです。このとき、肝臓や筋肉に収めきれない糖は、中性脂肪として脂肪組織に蓄えます。単品食いや早食いは、血糖値を急に上げるので中性脂肪ができやすいのです。

血糖値の上昇にブレーキをかける栄養素が、食物繊維です。

食物繊維を簡単に定義するなら、「食べても消化・吸収されない成分」。だから昔は、栄養素とは考えられていませんでした。しかし、大腸の運動を促したり、血糖値の急上昇を防いだりする働きが注目され、いまでは「第6の栄養素」とも呼ばれるようになりました。

日本人に推奨されている食物繊維の摂取量は、成人男性で1日20g、成人女性で1日18gです。しかし、実態はとても十分だとはいえません。

1950年ごろには1日約20g以上の食物繊維を摂っていたようですが、最近の平均摂取量は14g程度と報告されています。特に若年層の摂取量は少なく、不足しています。昔は、玄米・五分づき米や雑穀のほか、豆類や根菜類などからたくさんの食物繊維が摂れていました。しかし、主食が軟らかい白米やパンになり、肉や乳製品の摂取が増えて、食物繊維が豊富な食品の摂取が減ったのです。食事内容の変化に影響されているという点では、かむ回数の減少と同じことがいえるわけですね。

◆食物繊維は水溶性と不溶性の2種類

食物繊維の摂取を増やし、かむ回数を増やして、減量をスムーズに継続するには、和食のメニューを積極的に取り入れるとよいでしょう。野菜のほか、豆類、海藻類、イモ類、根菜類など、食物繊維の豊富な食品をバランスよく摂れるからです。

ところで食物繊維には、水に溶ける水溶性食物繊維と、水に溶けない不溶性食物繊維があります。

水溶性の食物繊維は、水分と混ざると粘り気のあるドロドロ状態になります。小腸からの栄養素の吸収を抑え、血糖値や血中コレステロール値の上昇を抑えてくれるのは、主にこの水溶性の仲間です。有害な物質を吸着したまま体外へ運んでくれる働きもあります。

不溶性の食物繊維は、腸の蠕動運動を促し、消化管をスムーズに通過するのに役立ちます。水分を保持して体積が増すので、便のカサが増えて排泄しやすくなります。要するに、便秘解消の主役ですね。

水溶性食物繊維、不溶性食物繊維の多い食べ物はつぎのとおりです。ただし、**ダイエット中はフルーツはあまりお勧めしません。**けっこうな量の糖分が含まれているからです。

◉水溶性食物繊維の例

・ペクチン……キャベツやダイコンなどの野菜、リンゴやミカンなどの果物に多い

・藻類《そうるい》に含まれる多糖類（アルギン酸など）……ワカメやコンブなどの海藻に多い

◉不溶性食物繊維の例

・セルロース……ゴボウやダイズなどの豆類、穀類、野菜などに多い

・ヘミセルロース……豆類、穀類などに多い

おわりに

健康的にやせるとメンタルが変わり、人生が豊かになる

複数の生活習慣病が潜むメタボリックシンドロームは、予備軍合わせて約2010万人。じつにわが国の成人男性の2人に1人、成人女性の5人に1人という数字にのぼります。誰もがメタボの危険と隣り合わせといえますね。

私が指導している肥満・メタボリック症候群専門外来は、医師、看護師、栄養士を中心とするチーム医療が大きな特徴です。

診療において実感するのは、患者さんの生活習慣を改善させることの難しさです。これは、ひとりの医師の指導だけではなかなか結果が出せないもの。しかし、チーム医療であれば、各分野の専門スタッフである健康運動指導士、臨床心理士、検査技師などからのアドバイスはもちろん、他科の医師とも連携を組むこともできます。また、減量の成功には心理的ストレスのマネジメントがとても重要で、これはリバウンドにも影響してきます。そのため、外来診療の

ほか、患者さん同士が交流する患者会（メタボ会）、メタボ対策ランチの提供やメタボ対策通信の定期的発信も長く行なってきました。

そうした結果、多くの患者さんに、体重減少や合併症の改善が認められ、薬の量や医療費の軽減、ひいては心理的ストレスまでも解消されています。性格が明るく積極的になり、結婚できた、就職できた、友達が増えた等々。肥満解消が、人生におけるさまざまな成功と幸せに結びついているのです。

以上のような約20年間の経験から生まれたのが、本書です。

糖尿病をはじめとする生活習慣病が心配な人はもちろん、最近ちょっと太ったかな……と気にしている人など、やせたいと思っているすべての人に、気軽にこの本を手にとっていただければうれしく思います。そして、すっきりスリムで病気知らずの「幸せで健康な体」を目指してほしいと願っています。

浅原哲子

本書は、セブン&アイ出版より刊行された『読むだけでやせる女医の言葉』を、文庫収録にあたり再編集のうえ、改題したものです。

浅原哲子（あさはら・のりこ）

京都府生まれ。九州大学医学部卒業。京都大学医学博士。現在、独立行政法人国立病院機構 京都医療センター 臨床研究センター 内分泌代謝高血圧研究部 部長。帝京大学医学部 臨床研究医学講座 特任教授、滋賀医科大学 社会医学講座 公衆衛生学部門 客員教授、同志社大学 スポーツ健康科学部 客員教授。日本糖尿病学会 専門医・指導医、日本内分泌学会 専門医・指導医、日本肥満学会 専門医・指導医、日本人類遺伝学会 臨床遺伝専門医、日本動脈硬化学会 専門医、日本抗加齢医学会 専門医。2019年度日本糖尿病学会第一回女性研究者賞受賞。京都医療センターの肥満・メタボリックシンドローム外来を約20年にわたって担当。3000人以上のダイエットを指導・成功させてきた。

知的生きかた文庫

「いただきます」を言《い》わない人《ひと》が太《ふと》るワケ

著者　浅原哲子《あさはらのりこ》
発行者　押鐘太陽
発行所　株式会社三笠書房
〒一〇二-〇〇七二　東京都千代田区飯田橋三-三-一
電話〇三-五二二六-五七三四〈営業部〉
〇三-五二二六-五七三一〈編集部〉
https://www.mikasashobo.co.jp
印刷　誠宏印刷
製本　若林製本工場

ISBN978-4-8379-8670-6 C0130

知的生きかた文庫

ビールを飲んでも飲んでも腹が凹む法

小林一行

太りやすく、多忙のあまり心が折れた私が発見した究極のノーストレス減量法。毎晩ビールを飲みながら25キロ減！　リバウンド0、数値も改善！

血流を改善するとたった1分で耳がよくなる！

今野清志

「え？　何？」「もう一回言って！」のストレスが消える！　薬を使わない治療法を確立し、3万人以上の治療をしてきた著者の独自のメソッド公開！

ズボラでもラクラク！
薬に頼らず血圧がみるみる下がる！

板倉弘重

血管を鍛える最強の方法！　知らないではすまされない、本当に望ましい血圧は、基準値より、かなり低いという真実。ラクラク「減塩テクニック」などが満載！

ズボラでもラクラク！
薬に頼らず血糖値がぐんぐん下がる！

板倉弘重

4人に1人のリスク、糖尿病を防ぐ！　勝負は40代から。美味しく飲んで食べる「ズボラ・ライフ」でそんなリスクとも簡単にさよならできます。

ズボラでもラクラク！
飲んでも食べても中性脂肪コレステロールがみるみる下がる！

板倉弘重

我慢も挫折もなし！　うまいものを食べながら！　最高のお酒を味わいながら！　好きに飲んで食べたいズボラな人でも劇的に数値改善する方法盛りだくさんの一冊！

C50390